Overdose :

Les laboratoires pharmaceutiques et la crise des opioïdes

Overdose :

Les laboratoires pharmaceutiques et la crise des opioïdes

Overdose :

Les laboratoires pharmaceutiques et la crise des opioïdes

SOMMAIRE :

Overdose :

Les laboratoires pharmaceutiques et la crise des opioïdes

CHAPITRE 1 La pilule miracle qui tuait

24 mars 2019, Charleston, Virginie-Occidentale

Sarah Chen est morte un mardi matin, seule dans la salle de bain de son appartement du troisième étage, une seringue encore plantée dans le bras. Elle avait 34 ans. Son fils de huit mois dormait dans la chambre voisine.

Ce n'est pas sa mère qui l'a trouvée, ni son mari, il était parti six mois plus tôt, incapable de supporter ce que Sarah était devenue. C'est un policier, appelé par les voisins inquiets des pleurs incessants du bébé. Quand il a enfoncé la porte, l'officier Marcus Webb a d'abord vu le nourrisson affamé dans son berceau. Puis il a trouvé Sarah, affalée contre le lavabo, les yeux mi-clos, la peau déjà froide.

Sur la table de la cuisine, soigneusement rangés dans leur boîte, il y avait encore quinze comprimés d'OxyContin. Prescription légale. Délivrée par un médecin diplômé. Remboursée par l'assurance maladie.

Huit semaines plus tôt, Sarah Chen était infirmière aux urgences du Charleston Medical Center. Elle venait d'accoucher par césarienne. Son obstétricien lui avait prescrit de l'OxyContin pour la douleur post-opératoire. « Trente comprimés, trois par jour pendant dix jours. C'est standard. Vous serez sur pied en un rien de temps. »

Cinquante-six jours plus tard, elle était morte.

L'histoire de Sarah n'est pas exceptionnelle. C'est ce qui la rend terrifiante.

Aux États-Unis, entre 1999 et 2019, plus de 500 000 personnes sont mortes d'overdoses liées aux opioïdes. Cinq cent mille. Pour mettre ce chiffre en perspective : c'est l'équivalent de la population entière de Lyon rayée de la carte. C'est plus que le nombre de soldats américains morts pendant la Seconde Guerre mondiale. C'est une moyenne de 70 morts par jour, pendant vingt ans.

Et contrairement aux épidémies de drogues précédentes, l'héroïne des années 1970, le crack des années 1980, celle-ci n'a pas commencé dans les ruelles sombres ou les quartiers défavorisés. Elle a commencé dans des cabinets médicaux propres. Dans des pharmacies de banlieue résidentielle. Prescrite par des médecins en blouse blanche, distribuée par des pharmaciens agréés, fabriquée par des entreprises cotées en bourse.

Cette investigation a duré trois ans. J'ai parcouru quinze États américains, interrogé plus de deux cents personnes, épluché des milliers de pages de documents judiciaires, d'études scientifiques et de communications internes de laboratoires pharmaceutiques obtenues sous scellés. J'ai rencontré des mères qui ont enterré leurs enfants, des médecins qui ont perdu leur licence, des représentants commerciaux rongés par la culpabilité, et des dirigeants d'entreprises qui ont fait fortune sur cette catastrophe.

Ce que j'ai découvert dépasse tout ce que j'aurais pu imaginer.

Ce n'est pas l'histoire d'un accident tragique. C'est l'histoire d'un crime prémédité à l'échelle industrielle. L'histoire de comment des entreprises pharmaceutiques ont délibérément créé et entretenu une épidémie d'addiction pour maximiser leurs profits. Comment elles ont menti aux médecins, trompé les régulateurs, et condamné à mort des centaines de milliers de personnes.

Et comment elles sont en train de recommencer en Europe.

Dix-huit mois plus tôt, Septembre 2017, Philadelphie

Quand je rencontre pour la première fois Patricia Chen, la mère de Sarah, elle insiste pour que nous nous retrouvions dans l'ancien appartement de sa fille. « Il faut que vous voyiez, dit-elle au téléphone. Il faut que vous compreniez qui elle était. »

L'appartement n'a pas été reloué. Patricia paie encore le loyer, incapable de se résoudre à vider les lieux. C'est un deux-pièces lumineux dans un quartier tranquille. Des livres de pédiatrie sur les étagères. Des photos de voyage au Costa Rica sur le frigo. Un mobile d'étoiles au-dessus du berceau.

« Sarah était brillante, commence Patricia en touchant machinalement les objets de sa fille. Diplômée avec mention. Elle parlait trois langues. Elle voulait faire Médecins Sans Frontières après quelques années d'expérience. »

Sur le mur du salon, des diplômes encadrés témoignent d'un parcours sans faute. Sur la table basse, un album photo montre une jeune femme radieuse le jour de son mariage.

« Comment est-ce arrivé ? je demande doucement.

Patricia s'assoit, les mains croisées sur les genoux. Son regard est celui de quelqu'un qui a raconté cette histoire trop de fois, mais qui ne peut pas s'arrêter.

« La césarienne s'est bien passée. Routine, a dit le médecin. Mais Sarah avait mal, évidemment. Alors il lui a prescrit de l'OxyContin. 'C'est très efficace, très sûr,' a-t-il dit. 'Beaucoup moins dangereux que la morphine.' »

Elle sort une ordonnance froissée de son sac.

« Trente comprimés. Elle devait en prendre trois par jour. Au bout de dix jours, ils étaient censés suffire. Mais Sarah avait encore mal. Alors elle est retournée voir son médecin. Il lui en a prescrit trente de plus. »

Patricia marque une pause, fixe ses mains.

« Au bout d'un mois, elle ne pouvait plus s'en passer. »

Ce que Patricia Chen ne savait pas, ce que Sarah ne savait pas, ce que son médecin prétendait ne pas savoir, c'est que l'OxyContin est chimiquement presque identique à l'héroïne. La molécule active, l'oxycodone, se lie aux mêmes récepteurs dans le cerveau. Elle produit la même sensation d'euphorie. Et elle crée la même dépendance dévastatrice.

La seule différence ? L'héroïne est illégale. L'OxyContin était prescrit par des médecins et manufacturé par Purdue Pharma, une entreprise appartenant à la famille Sackler, dont les membres figuraient sur la liste Forbes des plus grandes fortunes américaines.

Pour comprendre comment nous en sommes arrivés là, il faut remonter à 1996. À l'année où tout a basculé.

1996, Le lancement d'une bombe

Le 31 mai 1996, la Food and Drug Administration (FDA) américaine approuve la mise sur le marché de l'OxyContin. C'est un antidouleur à base d'oxycodone, un opioïde connu depuis des décennies. Mais Purdue Pharma prétend avoir trouvé une formulation révolutionnaire : un comprimé à libération prolongée qui diffuse la molécule sur douze heures.

Le prospectus approuvé par la FDA contient une phrase qui va changer l'histoire : « On pense que le risque de développer une addiction est faible. »

On pense. Deux mots. Aucune étude rigoureuse pour les étayer. Juste une supposition.

Mais pour Purdue Pharma, c'était suffisant.

L'entreprise lance la campagne marketing la plus agressive jamais vue dans l'industrie pharmaceutique. Elle recrute une armée de représentants commerciaux, plus de 600 au pic de la campagne, formés pour cibler spécifiquement les médecins qui prescrivent le plus d'antidouleurs. Médecins de famille en zones rurales. Cliniques de gestion de la douleur. Dentistes.

Les représentants sont équipés de tableaux comparatifs montrant que l'OxyContin est « moins addictif » que les autres opioïdes. De brochures colorées expliquant que la douleur est sous-traitée en Amérique. De coupons de réduction pour les premières prescriptions.

Ils offrent des voyages tous frais payés dans des stations balnéaires pour des « conférences médicales ». Des dîners dans les meilleurs restaurants. Des honoraires de « consultant » généreux pour les médecins qui acceptent de vanter le produit.

J'ai obtenu les documents de formation internes de Purdue Pharma, déclassifiés dans le cadre de procès ultérieurs. L'un d'eux, daté de 1997, est explicite : « Notre objectif est de faire de l'OxyContin le traitement de première ligne pour toute douleur modérée à sévère. Pas seulement le cancer. Pas seulement les douleurs post-opératoires graves. TOUTE douleur. »

Le marché potentiel était gigantesque. Mal de dos chronique. Arthrite. Migraines. Douleurs dentaires. Même les douleurs menstruelles.

En 2001, cinq ans après son lancement, l'OxyContin générait 3 milliards de dollars de revenus annuels pour Purdue Pharma.

Et les corps commençaient à s'empiler.

Portsmouth, Ohio, Ground Zero de l'épidémie

Portsmouth est une petite ville industrielle au bord de la rivière Ohio. Dans les années 1950, c'était un centre manufacturier prospère. En 2000, c'était devenu l'épicentre de ce que les épidémiologistes allaient appeler « la pire crise sanitaire d'origine médicamenteuse de l'histoire américaine ».

Entre 2000 et 2005, le taux de prescriptions d'opioïdes à Portsmouth a explosé de 500%. Les pharmacies locales distribuaient plus de comprimés que la ville ne comptait d'habitants. Une seule pharmacie a commandé 9 millions de pilules d'OxyContin en trois ans pour une ville de 20 000 habitants.

Dr. Joseph Rannazzisi, ancien directeur du bureau de contrôle des détournements à la Drug Enforcement Administration (DEA), se souvient du moment où il a réalisé l'ampleur du désastre.

« On a commencé à recevoir des signalements de pharmacies qui passaient des commandes insensées. Des centaines de milliers de comprimés par mois dans des villes de quelques milliers d'habitants. Quand on a enquêté, on a découvert que les médecins locaux prescrivaient comme des fous. Certains voyaient 50, 60 patients par jour. Des consultations de trois minutes. Juste assez pour rédiger une ordonnance. »

Il marque une pause, son visage se durcit.

« Et quand on a voulu agir, les avocats des laboratoires pharmaceutiques nous sont tombés dessus. Ils ont appelé nos supérieurs. Ils ont menacé de poursuites. Ils ont fait du lobbying auprès du Congrès pour nous couper les budgets. »

Portsmouth est devenue une ville fantôme vivante. Le centre-ville s'est vidé. Les commerces ont fermé. La criminalité a explosé. Les services d'urgence ont été submergés. Les morgues débordaient.

Tom Weston en est l'illustration parfaite.

L'ouvrier qui avait tout perdu

Tom Weston avait 45 ans quand je l'ai rencontré dans un centre de désintoxication de Columbus, Ohio. Grand, les épaules larges, les mains calleuses d'un homme qui a passé sa vie à travailler de ses mains. Mais le regard vide. Les dents en ruine, un effet secondaire classique de l'addiction aux opioïdes. Le corps tremblant du sevrage.

« J'étais ouvrier dans le bâtiment, commence-t-il. Marié. Deux enfants. Une maison avec un jardin. La vie américaine classique, quoi. »

En 2004, il tombe d'un échafaudage sur un chantier. Fracture de trois vertèbres. Opération d'urgence. L'orthopédiste lui prescrit de l'OxyContin pour la douleur.

« Au début, c'était merveilleux. La douleur disparaissait complètement. Et en plus, je me sentais... bien. Calme. Heureux. Pour la première fois depuis des années, je n'étais pas stressé par les factures, par le boulot. Rien ne m'inquiétait. »

Il hausse les épaules, un geste résigné.

« Évidemment, je ne savais pas que c'était ça, l'addiction. Je pensais juste que le médicament marchait bien. »

Au bout de trois mois, les prescriptions légales s'arrêtent. Mais Tom ne peut plus s'en passer. Il commence à consulter plusieurs médecins en même temps pour obtenir plusieurs ordonnances, une pratique appelée « doctor shopping ». Quand ça ne suffit plus, il achète des pilules au marché noir. Puis, quand l'OxyContin devient trop cher, il se tourne vers l'héroïne.

« Une pilule d'Oxy coûtait 80 dollars dans la rue. Une dose d'héroïne, 10 dollars. Le calcul était vite fait. »

Sa femme le quitte, emmenant les enfants. Il perd son travail. Sa maison. En 2007, il vit dans sa voiture. En 2009, il est sans-abri, dormant sous un pont, volant pour financer sa consommation.

« J'ai fait cinq overdoses, dit-il sans émotion. Cinq fois où je suis mort cliniquement et où on m'a ramené avec de la naloxone. La cinquième fois, le médecin m'a dit : 'La prochaine, on ne pourra rien faire. Votre cœur ne tiendra pas.' »

Tom fait partie des chanceux. Il a survécu. Il est sobre depuis huit mois quand je le rencontre. Mais il ne reverra jamais ses enfants, son ex-femme a obtenu une ordonnance d'éloignement. Il ne retrouvera jamais son métier, son casier judiciaire l'en empêche.

« Tout ça a commencé avec une prescription légale, dit-il en fixant ses mains tremblantes. Mon médecin m'a dit que c'était sûr. Que je pouvais avoir confiance. »

Sa voix se brise.

« J'ai fait confiance. »

La famille Morrison. Quand la tragédie frappe deux fois

Certaines histoires sont trop atroces pour être inventées.

David et Jennifer Morrison ont perdu leurs deux enfants à cause des opioïdes. Deux. Pas le même jour. Pas la même année. Mais la même cause.

Nous nous rencontrons dans leur maison de Dayton, Ohio. Un quartier résidentiel tranquille. Des vélos d'enfants rouillent dans l'allée. Personne ne les monte plus.

Leur fils, Jake, est mort le premier. En 2011. Il avait 19 ans, étudiant en deuxième année à l'université de Cincinnati. Sportif, populaire, bon élève. Après une opération du genou suite à une blessure au football, son chirurgien lui prescrit du Vicodin, un autre opioïde puissant.

« Il nous a appelés trois mois après l'opération, raconte Jennifer, les yeux rougis de larmes permanentes. Il pleurait. Il nous a dit qu'il avait un problème. Qu'il ne pouvait plus arrêter de prendre les pilules. »

Ils l'ont fait admettre en cure de désintoxication. Trente jours dans un centre spécialisé. À sa sortie, il semblait aller mieux. Sobre. Motivé. Il a repris ses études.

Deux mois plus tard, il rechutait. Un soir de fête, quelqu'un lui a proposé « juste une pilule ». Après des semaines d'abstinence, sa tolérance aux opioïdes avait baissé. La dose qu'il prenait auparavant sans problème a été fatale.

« Arrêt cardiaque, dit David d'une voix mécanique. Il est mort avant l'arrivée des secours. »

Trois ans plus tard, c'est leur fille, Emma, qui meurt. 22 ans. Elle avait vu son frère mourir. Elle savait. Et pourtant.

Après un accident de voiture, son médecin lui prescrit de l'OxyContin. Jennifer et David supplient le médecin de ne pas le faire. Ils expliquent l'historique familial. Le médecin balaie leurs inquiétudes : « C'est différent maintenant. On surveille mieux. Et elle a vraiment mal. »

Six mois plus tard, Emma est retrouvée morte dans son appartement. Overdose de fentany, un opioïde encore plus puissant que l'OxyContin, qu'elle s'était mise à injecter quand les prescriptions légales s'étaient taries.

Quand je demande aux Morrison pourquoi ils ont accepté de me parler, David répond sans hésiter :

« Parce que ça continue. Parce qu'il y a en ce moment même des médecins qui prescrivent ces saletés à des gosses qui vont mourir. Parce que les laboratoires qui ont tué nos enfants sont toujours en activité, toujours en train de faire des profits, et que personne ne les arrête. »

Jennifer ajoute, la voix tremblante de colère :

« On nous a dit que c'était de notre faute. Que nos enfants avaient fait de mauvais choix. Mais ils n'ont rien choisi du tout. On leur a prescrit du poison légal, et quand ils sont devenus accros, on les a traités comme des criminels. »

Elle me montre une photo encadrée. Jake et Emma, enfants, riant sur une plage.

« Nos enfants ne sont pas morts d'une overdose. Ils ont été tués. Tués par un système qui place les profits au-dessus des vies humaines. »

Les chiffres de l'horreur

Entre 1999 et 2019, les overdoses d'opioïdes ont tué plus de 500 000 Américains.

Mais derrière ce chiffre global se cachent des réalités encore plus vertigineuses.

, Entre 2000 et 2015, le nombre de prescriptions d'opioïdes a triplé aux États-Unis. En 2015, on comptait assez de prescriptions pour donner un flacon de pilules à chaque adulte américain.

, Dans certains comtés de Virginie-Occidentale, du Kentucky et de l'Ohio, le taux de prescriptions atteignait 300 comprimés par habitant et par an. Nouveaux-nés et nonagénaires inclus.

, Selon les Centers for Disease Control (CDC), environ 30% des patients qui reçoivent une prescription d'opioïdes à long terme développent une addiction.

, Parmi les personnes qui deviennent dépendantes aux opioïdes sur prescription, 80% finissent par se tourner vers l'héroïne ou le fentanyl, moins chers et plus accessibles.

, L'espérance de vie moyenne aux États-Unis a diminué pour la première fois depuis un siècle, trois années consécutives entre 2015 et 2017. Cause principale : les overdoses d'opioïdes.

Pour mettre ces chiffres en perspective : l'épidémie de SIDA a tué environ 700 000 Américains depuis son apparition dans les années 1980. L'épidémie d'opioïdes a tué 500 000 personnes en seulement vingt ans, et le rythme s'accélère.

En 2019, on comptait 136 morts par overdose d'opioïdes chaque jour aux États-Unis.

Une toutes les 11 minutes.

Les molécules de la mort

Pour comprendre comment cette catastrophe a pu se produire, il faut comprendre ce que sont les opioïdes et comment ils fonctionnent.

Les opioïdes sont une classe de substances chimiques qui se lient aux récepteurs opioïdes dans le cerveau, la moelle épinière et d'autres parties du corps. Ils réduisent la sensation de douleur et produisent une sensation d'euphorie.

La famille des opioïdes inclut :

La morphine ; extraite de l'opium, utilisée médicalement depuis le XIXe siècle. Extrêmement efficace contre la douleur, mais hautement addictive.

L'héroïne, dérivée de la morphine, synthétisée en 1874. Ironiquement, elle a d'abord été commercialisée par le laboratoire Bayer comme traitement "non addictif" contre la toux. Interdite dans la plupart des pays depuis les années 1920.

L'oxycodone (OxyContin, Percocet), opioïde semi-synthétique développé en Allemagne en 1916. Aussi puissant que la morphine. La formulation "à libération prolongée" de Purdue Pharma était censée la rendre moins addictive. Ce fut un mensonge.

L'hydrocodone (Vicodin), opioïde synthétique, l'un des médicaments les plus prescrits aux États-Unis dans les années 2000.

Le fentanyl, opioïde synthétique développé en 1959. De 50 à 100 fois plus puissant que la morphine. Utilisé légitimement pour les douleurs de cancer en phase terminale. Devenu l'arme de destruction massive de la crise actuelle.

Dr. Anna Lembke, professeure de psychiatrie à Stanford et spécialiste de l'addiction, m'explique le mécanisme :

« Quand vous prenez un opioïde, il inonde votre cerveau de dopamine. C'est le neurotransmetteur du plaisir. Votre cerveau enregistre : 'Ça, c'est bon. Je veux plus de ça.' Mais votre cerveau s'adapte rapidement. Il réduit sa propre production de dopamine. Vous avez besoin de plus de drogue pour ressentir le même effet. C'est la tolérance. »

Elle marque une pause.

« Et quand vous arrêtez ? Votre cerveau est en pénurie de dopamine. Vous vous sentez terriblement mal. Anxieux. Déprimé. Vous avez mal partout. C'est le sevrage. Et la seule chose qui soulage le sevrage, c'est... plus d'opioïdes. »

C'est un piège parfait. Un mécanisme biologique que le corps humain ne peut pas contrer par la simple volonté.

« Les gens disent : 'Pourquoi ils n'arrêtent pas simplement ?' poursuit Dr. Lembke. Mais ce n'est pas une question de volonté. Leur cerveau a été chimiquement reprogrammé. Arrêter les opioïdes après une dépendance, c'est comme demander à quelqu'un d'arrêter de respirer. Le besoin est physiologique, pas psychologique. »

Comment une prescription devient une addiction

Le parcours est terriblement prévisible.

Semaine 1-2 : Le patient prend les pilules comme prescrit. La douleur disparaît. Il se sent bien. Soulagé.

Semaine 3-4 : Le corps développe une tolérance. La même dose ne fonctionne plus aussi bien. Le patient augmente légèrement la dose, « juste une pilule de plus, juste quand j'ai vraiment mal. »

Mois 2 : Le patient ne peut plus passer une journée sans les pilules. Pas à cause de la douleur originale, qui a peut-être guéri, mais à cause du sevrage. Sans les pilules, il se sent grippé, anxieux, incapable de fonctionner.

Mois 3-6 : La prescription légale se tarit. Le médecin refuse de renouveler. Le patient panique. Il consulte d'autres médecins. Il achète des pilules à des amis. Il se tourne vers le marché noir.

Mois 6-12 : Les pilules au marché noir deviennent trop chères. L'héroïne est 8 à 10 fois moins chère et produit le même effet. Le patient franchit une ligne qu'il n'aurait jamais cru possible.

Année 2+ : Spirale. Vol pour financer la consommation. Perte d'emploi. Ruptures familiales. Isolement. Overdoses. Prison. Ou mort.

Ce n'est pas un scénario hypothétique. C'est le parcours documenté de dizaines de milliers de patients.

J'ai obtenu des données d'une étude menée par le National Institute on Drug Abuse en 2018. Parmi les utilisateurs d'héroïne interrogés :

, 75% ont déclaré que leur première exposition aux opioïdes était une prescription médicale légitime.

, Le délai moyen entre la première prescription et la première utilisation d'héroïne était de 18 mois.

, 68% ont déclaré que leur médecin ne les avait jamais avertis du risque d'addiction.

Sarah Chen. Tom Weston. Jake et Emma Morrison. Des centaines de milliers d'autres.

Ils ne cherchaient pas à se droguer. Ils cherchaient à soulager une douleur.

Le système médical leur a tendu un piège mortel.

La question centrale

Assis dans le salon des Morrison, entouré de photos de deux jeunes gens qui ne vieilliront jamais, je pose la question qui va guider toute cette investigation.

Comment est-ce arrivé ?

Comment des médicaments légaux, approuvés par les autorités sanitaires, prescrits par des médecins diplômés, ont-ils pu provoquer la pire crise sanitaire de l'histoire moderne américaine ?

Comment des entreprises pharmaceutiques respectables, dirigées par des familles philanthropes, ont-elles pu mettre sur le marché des produits qui ont tué plus d'Américains que la guerre du Vietnam ?

Comment les garde-fous du système, la FDA, la DEA, les ordres professionnels médicaux, les assurances santé, ont-ils tous échoué simultanément ?

Et surtout : était-ce un accident tragique, une erreur de bonne foi, une sous-estimation involontaire des risques ?

Ou était-ce quelque chose de beaucoup plus sombre ?

Les documents que j'ai obtenus au cours de cette investigation révèlent une vérité glaçante.

Les laboratoires pharmaceutiques savaient.

Ils savaient dès le début que leurs produits créaient des dépendances massives. Ils ont vu les données. Ils ont reçu les alertes. Ils ont été avertis par leurs propres scientifiques.

Et ils ont choisi de mentir.

Ils ont truqué des études. Ils ont corrompu des médecins. Ils ont manipulé des régulateurs. Ils ont dépensé des centaines de millions de dollars en lobbying pour empêcher toute restriction.

Parce que l'OxyContin rapportait 3 milliards de dollars par an. Parce que les opioïdes dans leur ensemble représentaient un marché de 10 milliards de dollars annuels. Parce que les bonus des dirigeants dépendaient des chiffres de vente.

Cinq cent mille morts n'étaient qu'un effet secondaire acceptable.

Une épidémie qui traverse l'Atlantique

Le dernier élément qui rend cette histoire d'autant plus urgente : elle ne concerne pas que l'Amérique.

En 2019, alors que les États-Unis tentaient enfin de réguler les opioïdes, les mêmes laboratoires pharmaceutiques ont intensifié leurs efforts de marketing en Europe.

Les prescriptions d'opioïdes en France ont augmenté de 150% entre 2004 et 2017. Au Royaume-Uni, de 127%. En Allemagne, de 135%.

Les décès par overdose d'opioïdes en Europe ont doublé en dix ans.

Les mêmes stratégies. Les mêmes mensonges. Les mêmes molécules.

Dr. Nicolas Authier, psychiatre et président de l'Observatoire français des médicaments antalgiques, est catégorique :

« Nous sommes au début de ce que les Américains ont vécu il y a vingt ans. Les laboratoires appliquent exactement le même manuel. Ils ciblent les médecins généralistes. Ils minimisent les risques. Ils poussent pour des prescriptions de première ligne. Si nous n'agissons pas maintenant, nous aurons la même catastrophe. »

En 2022, la France comptait déjà plus de 500 morts par overdose d'opioïdes. Un chiffre en augmentation de 40% en cinq ans.

Nous avons l'avantage de voir venir la catastrophe. Nous connaissons le scénario. Nous savons comment il se termine.

La question est : allons-nous agir ?

La suite de l'investigation

Ce livre est le résultat de trois ans d'enquête dans les archives, les tribunaux, les centres de désintoxication et les bureaux feutrés des laboratoires pharmaceutiques.

J'ai obtenu des milliers de pages de documents internes qui prouvent que les entreprises savaient exactement ce qu'elles faisaient.

J'ai interrogé des lanceurs d'alerte, représentants commerciaux, scientifiques, régulateurs, qui ont risqué leur carrière pour révéler la vérité.

J'ai analysé les flux financiers qui montrent comment des milliards de dollars de profits ont été générés sur la souffrance humaine.

J'ai documenté les stratégies de lobbying qui ont paralysé les régulateurs et acheté le silence des politiciens.

Dans les chapitres qui suivent, je vais révéler :

, Comment Purdue Pharma a délibérément menti sur le potentiel addictif de l'OxyContin, documents internes à l'appui (Chapitre 2).

, Comment les laboratoires ont corrompu des médecins pour prescrire massivement, avec des exemples précis et chiffrés (Chapitre 3).

, Comment ils ont truqué des études scientifiques pour cacher les dangers (Chapitre 4).

, Comment ils ont dépensé des centaines de millions en lobbying pour bloquer toute régulation (Chapitre 5).

, Comment la famille Sackler a blanchi ses profits dans l'art et la philanthropie (Chapitre 6).

, Comment d'autres laboratoires, Johnson & Johnson, Teva, Endo Pharmaceuticals, ont répliqué le modèle (Chapitre 7).

, Comment les distributeurs pharmaceutiques ont fermé les yeux sur les commandes aberrantes (Chapitre 8).

, Comment la crise se répand maintenant en Europe avec les mêmes méthodes (Chapitre 9).

, Et enfin, ce qu'il faut faire : les poursuites pénales internationales qui doivent être lancées et les réformes systémiques nécessaires pour que ça ne se reproduise jamais (Chapitre 10).

Un dernier témoignage

Avant de clore ce premier chapitre, je retourne voir Patricia Chen une dernière fois.

Elle m'a demandé de venir un jour particulier : le troisième anniversaire de la mort de Sarah. Elle va au cimetière, comme chaque année.

Nous nous retrouvons devant une pierre tombale simple. Sarah Chen, 1985-2019. Infirmière, mère, fille aimée.

Patricia dépose des fleurs fraîches.

« Vous savez ce qui me hante ? dit-elle sans me regarder. Sarah avait peur de prendre ces pilules au début. Elle m'a appelée de l'hôpital après l'accouchement. Elle m'a dit : 'Maman, je ne veux pas prendre d'opioïdes. J'ai lu des trucs flippants.' »

Elle se tourne enfin vers moi, les larmes coulant librement.

« Je lui ai dit de faire confiance à son médecin. Que s'il les prescrivait, c'est que c'était sûr. Que les médecins savaient ce qu'ils faisaient. »

Sa voix se brise.

« Je l'ai tuée. En lui disant de faire confiance. »

« Ce n'est pas vous qui l'avez tuée, je réponds doucement. »

« Non, dit-elle en se redressant, un éclair de colère dans les yeux. Non, c'est vrai. Ce sont eux. Purdue Pharma. Les Sackler. Les médecins qui ont touché des pots-de-vin. Les régulateurs qui ont fermé les yeux. Tous ceux qui ont choisi l'argent plutôt que les vies. »

Elle pose sa main sur la pierre tombale.

« Et ils vont payer. D'une manière ou d'une autre, ils vont payer. »

C'est la promesse de cette investigation.

Faire la lumière. Nommer les responsables. Exiger des comptes.

Cinq cent mille morts américains ne peuvent pas rester sans réponse.

Et les centaines de milliers de morts européennes à venir peuvent encore être évitées.

Si nous agissons.

Si nous refusons de détourner le regard.

Si nous exigeons que ceux qui ont transformé la médecine en arme de destruction massive répondent de leurs crimes.

Ce livre est un acte d'accusation.

Il est temps que le procès commence.

CHAPITRE 2 Dans les archives secrètes de Purdue Pharma

23 janvier 2018, 2h17 du matin, Parking souterrain, Washington D.C.

Mon téléphone vibre. Numéro masqué. Troisième appel en deux heures.

Cette fois, je décroche.

« Vous êtes seul ? » Une voix masculine, tendue, à peine plus qu'un murmure.

« Oui. »

« Garage niveau -3 du Watergate Hotel. Dans vingt minutes. Venez seul. Si vous êtes suivi, je pars. »

Clic.

Je connais cette chorégraphie. C'est celle des lanceurs d'alerte qui ont peur. Celle des gens qui savent que ce qu'ils s'apprêtent à faire pourrait détruire leur vie, mais qui ne peuvent plus garder le silence.

J'ai déjà reçu trois paquets anonymes ces six derniers mois. Des photocopies de documents internes de Purdue Pharma. Des bribes. Assez pour confirmer mes soupçons, pas assez pour prouver quoi que ce soit devant un tribunal.

Mais cette voix au téléphone... elle sonnait différente. Plus déterminée. Quelqu'un qui avait franchi un point de non-retour.

Vingt-trois minutes plus tard, je me gare au niveau -3 du Watergate. L'ironie du lieu ne m'échappe pas, c'est ici que tout a commencé pour Woodward et Bernstein. L'hôtel où un scandale a fait tomber un président.

Une silhouette sort de l'ombre. Homme, quarantaine, costume froissé, mallette à la main. Il regarde nerveusement autour de lui.

« Vous êtes le journaliste ? »

« Oui. »

Il s'approche, me tend la main. Elle tremble.

« Je m'appelle Steven Gellar. Jusqu'à hier soir, j'étais directeur régional des ventes pour Purdue Pharma, région Midwest. Quinze ans d'ancienneté. »

Jusqu'à hier soir.

« Qu'est-ce qui s'est passé hier soir ? »

Il ouvre sa mallette. À l'intérieur, des dizaines de chemises bourrées de documents.

« Hier soir, j'ai démissionné. J'ai vidé mon bureau. Et j'ai pris ça. »

Il pose la mallette sur le capot de ma voiture.

« Dix mille pages. Emails. Notes de réunion. Rapports internes. Présentations stratégiques. Tout. »

Mon cœur s'emballe.

« Pourquoi ? »

Gellar me regarde, et je vois dans ses yeux quelque chose qui ressemble à de la honte.

« Parce que j'ai passé quinze ans à mentir à des médecins. À leur dire que l'OxyContin était sûr. Que le risque d'addiction était minime. Que c'était le traitement miracle pour toute douleur. »

Il sort une photo de sa poche. Une adolescente souriante.

« Ma nièce. Amanda. 17 ans. Elle est morte il y a trois mois. Overdose d'OxyContin. Prescrit par son dentiste après l'extraction de ses dents de sagesse. »

Sa voix se brise.

« Quand ma sœur m'a appelé pour m'annoncer sa mort, elle ne savait pas ce que je faisais comme métier. Elle ne savait pas que je vendais le produit qui avait tué sa fille. »

« Je suis désolé. »

« Gardez votre compassion. » Il referme violemment la mallette. « Prenez ça. Utilisez-le. Détruisez-les. »

Il se retourne pour partir.

« Attendez. Ils vont savoir que ça vient de vous. Ils vont vous poursuivre. »

Gellar hausse les épaules.

« Qu'ils essaient. J'ai des copies partout. Chez mon avocat. Dans trois coffres-forts différents. Et si quelque chose m'arrive... » Il sourit amèrement. « Disons que j'ai pris mes précautions. »

Il s'éloigne vers sa voiture, puis s'arrête.

« Une dernière chose. Ce que vous allez lire là-dedans... c'est pire que tout ce que vous imaginez. Ils savaient. Depuis le début. Tout. »

Il monte dans sa voiture et disparaît dans la nuit.

Je reste seul dans le parking désert, une mallette contenant 10 000 pages de secrets à la main.

La plus grande fuite de documents de l'histoire pharmaceutique américaine.

48 heures plus tard, Ma chambre d'hôtel, Washington D.C.

Je n'ai pas dormi depuis deux jours.

Les documents sont étalés partout. Sur le lit. Sur le bureau. Sur le sol. Des piles organisées par catégorie : Emails. Rapports de vente. Études internes. Formations commerciales. Stratégies marketing.

J'ai commencé par les emails. Toujours commencer par les emails. Les gens y écrivent des choses qu'ils ne mettraient jamais dans un rapport officiel.

Et là, dès les premières pages, je trouve de l'or.

Email n°1, 15 septembre 1997

DE : Richard Sackler, Président, Purdue Pharma

À : Équipe de direction

OBJET : Stratégie OxyContin, Expansion marché

L'OxyContin a généré 45 millions $ au T3. Excellent départ, mais largement insuffisant au regard du potentiel.

Problème : nous sommes encore perçus comme un médicament de "dernier recours" pour douleurs cancéreuses. C'est une erreur stratégique qui limite notre marché à ~200K patients.

Objectif : positionner OxyContin comme traitement de PREMIÈRE LIGNE pour toute douleur modérée à sévère. Cible : 50 millions de patients souffrant de douleurs chroniques (dos, arthrite, post-op, etc.).

Pour y arriver, nous devons :

1) Intensifier formation médecins sur la "sous-prescription" de la douleur

2) Augmenter force de vente de 300 à 600 reps d'ici fin 1998

3) Repositionner le discours : "La douleur est le 5e signe vital", tout patient souffrant doit être traité

4) Minimiser proactivement les inquiétudes sur addiction

L'opportunité est colossale. Le marché total des antidouleurs = 10 milliards $. Nous pouvons en capturer la moitié.

RS

Je relis trois fois.

« Repositionner le discours : minimiser proactivement les inquiétudes sur addiction. »

Pas « étudier le risque d'addiction ». Pas « surveiller les cas problématiques ». Non. Minimiser proactivement.

C'est-à-dire mentir.

Et ça vient directement du président de l'entreprise. Un membre de la famille Sackler.

Je continue.

Email n°2, 3 novembre 1997

DE : Howard Udell, Directeur juridique

À : Richard Sackler

OBJET : RE : Préoccupations addiction

Richard,

Suite à notre conversation d'hier. Les retours terrain indiquent des cas isolés de patients développant ce qui ressemble à une dépendance à OxyContin. Rien de massif à ce stade, mais notre équipe médicale pense qu'on devrait investiguer.

J'ai également reçu trois appels de médecins signalant des patients qui "doctor shop" pour obtenir plusieurs prescriptions.

Recommandation légale : on devrait probablement documenter ces cas et évaluer si...

Email n°3, 4 novembre 1997

DE : Richard Sackler

À : Howard Udell

OBJET : RE : RE : Préoccupations addiction

Howard,

Ces "cas isolés" sont des problèmes de patients, pas de produit. Ce sont des gens qui abusent. Des junkies qui détournent un médicament légitime.

Nous ne devons PAS être associés à ça. Si on commence à documenter des "cas d'addiction", la FDA et la DEA vont nous tomber dessus.

Nouvelle directive : tous les cas problématiques doivent être catégorisés comme "abus" ou "utilisation détournée", jamais comme "addiction due au produit".

Et concernant ta recommandation d'investiguer... oublie. On ne va pas lancer des études qui pourraient produire des résultats négatifs. On a déjà l'approbation FDA. C'est tout ce dont on a besoin.

RS

Je pose le document, les mains tremblantes.

Ils savaient.

En 1997, 18 mois après le lancement, ils savaient déjà que leur produit créait de la dépendance.

Et ils ont consciemment choisi de ne pas investiguer.

Pire : ils ont décidé de blâmer les victimes. Les patients qui devenaient accros n'étaient pas des victimes d'un médicament dangereux. C'étaient des « junkies ».

C'est une stratégie délibérée de dissimulation.

Je prends des photos de chaque page. J'envoie des copies à trois adresses sécurisées différentes. Si Purdue découvre que j'ai ces documents, ils vont tout faire pour les faire disparaître.

Document n°4, Note interne, 12 mars 1998

Réunion stratégique commerciale ; Miami

Présents : R. Sackler, M. Friedman (VP Ventes), équipe direction commerciale

NOTES (prises par assistant) :

RS ouvre : "Nos ventes au Q1 sont décevantes. 67M contreobjectifde80M. Pourquoi ?"

MF : "Les médecins généralistes hésitent encore. Ils disent que leurs patients demandent à arrêter le traitement après quelques semaines, que les opioïdes 'font peur'."

RS : "Alors il faut les éduquer. Le problème n'est pas le produit, c'est la perception."

Discussion sur stratégie formation médecins. Consensus : organiser des 'séminaires de formation' tous frais payés dans des destinations attractives (Arizona, Floride, Californie). Cible : 5000 médecins d'ici fin année.

RS : "Je veux qu'on cible spécifiquement les médecins qui prescrivent déjà beaucoup d'antidouleurs. Ce sont eux qui vont faire notre volume."

Question soulevée : "Et les médecins qui refusent de prescrire par inquiétude addiction ?"

RS : "On ne perd pas de temps avec eux. On identifie les prescripteurs agressifs et on les cultive. 20% des médecins font 80% des prescriptions. C'est sur ces 20% qu'on doit se concentrer."

Action : Développer une base de données scoring les médecins par volume de prescriptions opioïdes. Allouer bonus commerciaux en fonction.

Ma mâchoire se serre.

Ils ciblaient délibérément les médecins qui prescrivaient le plus, pas ceux qui pratiquaient la meilleure médecine. Ils cherchaient les prescripteurs « agressifs ».

Certains de ces médecins étaient probablement incompétents. D'autres, carrément corrompus. Purdue le savait. Et c'était exactement ce qu'ils voulaient.

Plus un médecin prescrivait, plus le représentant commercial était récompensé.

Un système d'incitation parfait... pour créer une épidémie.

Document n°5, Manuel de formation commerciale, édition 1998

Je tombe sur un manuel de 147 pages destiné aux représentants commerciaux.

Page 23, Section : "Gérer les objections médicales"

OBJECTION : "Je m'inquiète du potentiel addictif des opioïdes."

RÉPONSE RECOMMANDÉE : "C'est une préoccupation légitime, docteur. Mais les études montrent que le risque d'addiction à l'OxyContin est inférieur à 1% quand le médicament est pris comme prescrit. La formulation à libération prolongée réduit le pic de concentration, ce qui minimise l'effet euphorique et donc le potentiel d'abus."

POINTS CLÉS :

, Citer l'étude Porter & Jick (1980) : seulement 4 cas d'addiction sur 11 882 patients

, Insister sur "formulation unique" de libération prolongée

, Rappeler que la douleur sous-traitée est un vrai problème de santé publique

Je cherche immédiatement cette fameuse étude Porter & Jick citée comme référence.

Cela me prend dix minutes pour la trouver. C'est une lettre d'une page publiée dans le New England Journal of Medicine en 1980. Pas une étude. Une lettre.

Elle décrit l'observation de 11 882 patients hospitalisés qui ont reçu des opioïdes. Parmi eux, seulement 4 ont développé une addiction.

Mais le contexte est crucial : ces patients étaient hospitalisés, donc surveillés médicalement en permanence. Ils recevaient des doses contrôlées. Pour des durées courtes. Ce n'est absolument pas comparable à des prescriptions à long terme pour des patients ambulatoires.

N'importe quel scientifique sérieux le saurait.

Purdue le savait.

Mais cette lettre d'une page est devenue la justification scientifique de toute leur stratégie marketing. Elle a été citée plus de 600 fois dans la littérature médicale promotionnelle.

Un château de cartes construit sur une lettre qui ne prouvait rien.

Document n°6, Email interne, 7 juin 1999

DE : Dr. Paul Goldenheim, Directeur scientifique

À : Richard Sackler

OBJET : Demande de la FDA, Étude addiction post-marketing

Richard,

La FDA demande qu'on conduise une étude post-marketing sur les taux réels d'addiction à l'OxyContin dans la population générale. Ils ont reçu des signalements préoccupants du Kentucky et de Virginie-Occidentale.

Budget estimé : 2-3M$. Durée : 18-24 mois.

Recommandes-tu qu'on procède ?

Email n°7, 8 juin 1999

DE : Richard Sackler

À : Dr. Paul Goldenheim

OBJET : RE : Demande de la FDA

Paul,

Non. Trouve une excuse. Budget insuffisant, méthodologie complexe, peu importe.

On ne lance PAS d'étude qui pourrait montrer des taux d'addiction élevés. Si la FDA insiste vraiment, on les baratine pendant des années avec des discussions méthodologiques.

Et franchement, avec le budget lobbying qu'on file au Congrès, je doute qu'ils insistent vraiment.

Je m'arrête de lire.

Relis.

La FDA, l'agence gouvernementale chargée de protéger la santé publique, demandait une étude sur l'addiction.

Et le président de Purdue Pharma refusait. Explicitement. Pour éviter des « résultats négatifs ».

Puis faisait référence à leur budget de lobbying comme protection contre toute obligation légale.

C'est de l'obstruction délibérée de la surveillance sanitaire.

Si c'était un crime de sang-froid, c'était la préméditation.

Les chiffres qui tuent

Je passe les jours suivants à éplucher les rapports de vente.

Purdue tenait des statistiques méticuleuses. Chaque médecin était pisté. Chaque prescription enregistrée. Chaque région analysée.

J'extrais les données dans un tableur et commence à créer des graphiques.

Graphique 1 : Intensité du marketing Purdue vs. Prescriptions d'OxyContin par région (1996-2000)

Les données sont stupéfiantes.

En Virginie-Occidentale, où Purdue a déployé 47 représentants commerciaux pour une population de 1,8 million d'habitants, les prescriptions d'OxyContin ont explosé de 600% entre 1997 et 2000.

Dans le Kentucky, 39 représentants pour 4,4 millions d'habitants : augmentation de 550%.

En Floride, où Purdue a organisé 143 "séminaires médicaux" dans des resorts de luxe : augmentation de 480%.

La corrélation est parfaite. Presque 1:1.

Plus Purdue investissait en marketing dans une région, plus les prescriptions explosaient.

Graphique 2 : Prescriptions d'OxyContin vs. Overdoses mortelles par région (1997-2002)

Puis je croise ces données avec les statistiques de mortalité des CDC.

Le résultat me glace le sang.

La corrélation est tout aussi parfaite.

Les régions où Purdue avait le plus intensément marketé l'OxyContin sont exactement celles où les overdoses mortelles ont explosé.

Virginie-Occidentale : prescriptions +600%, overdoses +450%.

Kentucky : prescriptions +550%, overdoses +380%.

Floride : prescriptions +480%, overdoses +420%.

Ce n'est pas une coïncidence. C'est une relation causale directe.

Plus Purdue vendait, plus les gens mouraient.

Graphique 3 : Revenus Purdue Pharma vs. Morts par overdose d'opioïdes (1996-2010)

Le dernier graphique est le plus obscène.

Axe vertical gauche : Revenus annuels de Purdue Pharma (en milliards de dollars).

Axe vertical droit : Nombre de morts par overdose d'opioïdes aux États-Unis.

Les deux courbes montent en parallèle. Presque symétriques.

1996 : 300 millions $ de revenus, 2 900 morts.

2000 : 1,5 milliard $, 8 400 morts.

2005 : 3 milliards $, 14 800 morts.

2010 : 3,1 milliards $, 21 100 morts.

Pour chaque milliard de dollars gagné par Purdue Pharma, environ 7 000 Américains supplémentaires mouraient chaque année.

Je fixe le graphique pendant une heure.

C'est l'image la plus accablante que j'aie jamais créée dans ma carrière de journaliste.

La preuve visuelle qu'une entreprise a bâti sa fortune sur des cadavres.

Le système de ciblage des médecins

Document n°8, Base de données commerciale Purdue, extrait 2001

Je trouve ensuite quelque chose d'encore plus sinistre : la base de données complète que Purdue utilisait pour scorer et cibler les médecins.

Chaque médecin américain autorisé à prescrire des substances contrôlées avait un profil.

Exemple, Dr. Daniel Proctor, Huntington, Virginie-Occidentale

Spécialité : Médecine générale

Patients actifs : ~1800

Prescriptions opioïdes 2000 : 847

% patients sous opioïdes à long terme : 34%

Score de prescription (0-100) : 94

CATÉGORIE : PRESCRIPTEUR HAUTE VALEUR

Stratégie commerciale :

, Visites hebdomadaires

, Inviter à 2 séminaires/an (destinations premium)

, Honoraires de consultation : approuvés jusqu'à 3000$/an

, Échantillons gratuits : allocation maximale

34% de ses patients sous opioïdes à long terme. C'est monstrueux. Pour une patientèle de médecine générale, la norme devrait être inférieure à 5%.

Soit ce médecin était incompétent. Soit il était corrompu.

Purdue s'en fichait. Ils lui donnaient leur allocation marketing maximale.

Je cherche Dr. Proctor dans les archives publiques.

Il a perdu sa licence médicale en 2004. Condamné pour prescription frauduleuse. Trois de ses patients sont morts d'overdose.

Purdue le savait-il en 2001 ? Probablement. Le signaient-ils aux autorités ? Jamais.

Il générait trop de revenus.

Document n°9, Note interne, 15 août 2000

DE : Michael Friedman, VP Ventes

À : Équipe commerciale régionale

OBJET : Performance Q2, Identification prescripteurs problématiques

Équipe,

Analyse Q2 montre 47 médecins avec des patterns de prescription "préoccupants" :

, Volumes exceptionnellement élevés (>500 Rx/mois)

, Patients multiples avec patterns d'abus apparents

, Signalements de pharmacies locales

Question : doit-on réduire notre engagement avec ces prescripteurs ?

Email de réponse, 16 août 2000

DE : Richard Sackler

À : Michael Friedman

OBJET : RE : Prescripteurs problématiques

Mike,

Absolument PAS.

Ces médecins génèrent 12% de notre volume national. Si on les lâche, nos chiffres s'effondrent.

Le "problème" n'est pas les médecins. C'est les patients qui abusent. Ce n'est pas notre responsabilité de policer les cabinets médicaux.

Directive : continuez l'engagement normal. Si des autorités posent des questions, on dira qu'on n'avait pas connaissance de problèmes spécifiques.

C'est de la complicité active.

Ils identifiaient des médecins manifestement problématiques, prescrivant à des volumes absurdes, avec des patients montrant des signes d'abus.

Et ils décidaient consciemment de continuer à les encourager.

Pour les ventes.

Les fausses associations de patients

Document n°10, Mémo stratégique, 3 mai 2001

CONFIDENTIEL

Projet : Coalition pour l'élimination de la douleur (CEP)

Objectif : Créer une organisation "indépendante" de défense des patients souffrant de douleurs chroniques pour faire pression sur les médecins et les régulateurs.

Structure :

, Apparence : association de patients à but non lucratif

, Réalité : financée à 90% par Purdue + autres labos opioïdes

, Board : inclure quelques vrais patients (pour crédibilité) + médecins sur notre payroll

Messages clés :

, "La douleur chronique est sous-traitée en Amérique"

, "Les opioïdes sont sûrs et efficaces pour usage à long terme"

, "Les restrictions sur les opioïdes nuisent aux patients souffrants"

, "L'addiction est rare quand prescrit correctement"

Tactiques :

, Campagnes médias (presse, TV, radio)

, Lobbying auprès législateurs

, Pression sur sociétés médicales pour relaxer guidelines

, Témoignages patients lors d'audiences publiques

Budget année 1 : 3M$

Je vérifie. L'American Pain Foundation (nom qu'a finalement pris cette organisation) a effectivement été créée en 2001.

Elle s'est présentée pendant dix ans comme une voix indépendante des patients.

Elle a témoigné devant le Congrès. Publié des études. Fait pression sur la FDA.

En 2012, un rapport du Sénat a révélé qu'elle recevait 90% de son financement des fabricants d'opioïdes.

Elle a fermé immédiatement après ces révélations.

Mais pendant dix ans, elle a servi de façade "grassroots" pour les intérêts de l'industrie pharmaceutique.

Purdue avait créé une organisation de patients entièrement bidon pour faire passer son agenda.

C'est de la manipulation de l'opinion publique à l'échelle industrielle.

Le lanceur d'alerte interne

Trois semaines après ma rencontre avec Steven Gellar, je reçois un autre appel.

Cette fois, une femme. Dr. Jane Ballantyne.

« J'étais directrice de recherche clinique chez Purdue de 1998 à 2001, dit-elle. J'ai essayé de les arrêter. Ils m'ont virée. »

Nous nous rencontrons dans un café de Boston. Elle a 58 ans, des cheveux gris coupés court, le regard fatigué de quelqu'un qui a livré une bataille perdue.

« Qu'est-ce que vous avez essayé de les arrêter de faire ? »

Elle sort un dossier.

« En 1999, j'ai analysé nos propres données de prescription. Nous suivions 15 000 patients sous OxyContin. Les chiffres étaient alarmants. »

Elle me montre un graphique.

« 23% des patients sous traitement à long terme, plus de trois mois, montraient des signes cliniques de dépendance. Augmentation des doses. Demandes précoces de renouvellement. Comportements de recherche compulsive. »

« 23% ? »

« 23%. Pas 'moins de 1%' comme le prétendait notre marketing. Un patient sur quatre. »

« Qu'est-ce que vous avez fait ? »

« J'ai rédigé un rapport. J'ai recommandé qu'on mette à jour notre documentation médicale. Qu'on avertisse les médecins. Qu'on limite les prescriptions à court terme sauf pour les cas sévères. »

« Et ? »

Son visage se durcit.

« On m'a convoquée dans le bureau de Richard Sackler. Il m'a dit, et je cite : 'Dr. Ballantyne, votre travail n'est pas de créer des problèmes. C'est de soutenir nos produits.' »

« Il a rejeté vos recommandations ? »

« Pire. Il a ordonné que mon rapport soit détruit. Toutes les copies. Il m'a fait signer un accord de confidentialité sous peine de licenciement. Puis il m'a retirée de toute recherche clinique. »

Elle boit son café, les mains tremblantes.

« J'ai gardé une copie du rapport. Cachée chez moi pendant vingt ans. Parce que je savais qu'un jour, il faudrait que la vérité sorte. »

Elle me tend le document.

« Voilà. C'est la preuve qu'ils savaient. Dès 1999. Pas de spéculations. Des données dures. »

Le rapport Ballantyne, Mai 1999

CONFIDENTIEL, USAGE INTERNE UNIQUEMENT

Analyse clinique : Dépendance et tolérance chez patients OxyContin

Dr. Jane Ballantyne, Directrice recherche clinique

Échantillon : 15 000 patients sous OxyContin, suivi 6-18 mois

RÉSULTATS PRÉOCCUPANTS :

1. DÉPENDANCE

23.4% des patients traités >3 mois montrent ≥3 critères DSM-IV de dépendance :

, Tolérance (besoin d'augmenter doses)

, Sevrage (symptômes à l'arrêt)

, Perte de contrôle (utilisation supérieure à prescrit)

, Recherche compulsive

2. ESCALADE DE DOSE

Chez patients traités >6 mois :

, 67% ont augmenté leur dose initiale

, Augmentation moyenne : 240%

, 12% dépassent 400mg/jour (dose dangereuse)

3. COMPORTEMENTS À RISQUE

, 8.7% consultent multiples médecins simultanément

, 5.2% rapportés par pharmacies pour demandes suspectes

, 2.1% admis aux urgences pour overdose/complications

CONCLUSION :

Le taux réel de dépendance est 20-25x supérieur aux affirmations marketing ("moins de 1%").

RECOMMANDATIONS :

1. Réviser immédiatement documentation médicale
2. Limiter prescriptions initiales à 7 jours max
3. Avertir médecins du risque réel de dépendance
4. Mettre en place surveillance stricte patients à long terme
5. Cesser marketing pour douleurs non-cancéreuses

Je lis le rapport trois fois.

C'est une bombe.

Une scientifique interne de Purdue, avec leurs propres données, démontrant que leur produit créait une dépendance chez un quart des patients à long terme.

En 1999. Trois ans après le lancement.

Et ils ont enterré ce rapport. Viré la scientifique. Continué à mentir.

« Pourquoi vous ne l'avez pas divulgué avant ? » je demande à Dr. Ballantyne.

« J'avais peur. J'ai une famille. Une carrière. Purdue a des armées d'avocats. Ils m'auraient détruite. » Elle me regarde intensément. « Mais maintenant, après 500 000 morts... je ne peux plus me taire. »

Le mécanisme de corruption médicale

Les documents révèlent aussi le système élaboré par lequel Purdue achetait l'influence médicale.

Document n°11, Budget "Relations Médicales" 2002

Total : 72 millions $

ALLOCATION :

Séminaires médicaux (resorts luxe) : 23M ** ,187évènementsplanifiès

** ,Destinations:Floride,Arizona,Californie,Hawai

** ,5000médecinscibles

** ,Coûtmoyenparmédecin:4600

Honoraires de consultation : 18M ** ,847médecins"consultants" ** ,Honorairesmoyens:21200 /an

, En échange : témoignages, articles, recommandations

"Recherche" sponsorisée : 12M$

, 34 études dans institutions académiques

, Contractuellement : Purdue contrôle publication des résultats

Conférences médicales sponsoring : 8M$

, Booths dans 52 conférences nationales

, Symposiums satellites

"Leaders d'opinion" (KOL, Key Opinion Leaders) : 11M$

, 89 médecins prestigieux (professeurs, directeurs départements)

, Rémunération pour promouvoir OxyContin

, Objectif : influencer guidelines médicales nationales

72 millions de dollars. En une seule année. Pour acheter l'influence médicale.

Je croise ces données avec les registres publics de paiements aux médecins (rendus obligatoires bien plus tard par le Sunshine Act).

Dr. Russell Portenoy, neurologue prestigieux, président de l'American Pain Society, a reçu 1,6 million de dollars de Purdue entre 1996 et 2012. En échange, il a témoigné que les opioïdes étaient « remarquablement sûrs » pour usage à long terme. Il a co-écrit des guidelines influençant des milliers de médecins.

Dr. Perry Fine, professeur à University of Utah, 890 000 dollars. Il a déclaré publiquement que le risque d'addiction était « largement exagéré ».

Dr. Scott Fishman, président de l'American Academy of Pain Medicine, 1,2 million de dollars. Il a poussé pour une prescription plus « agressive » des opioïdes.

Ces médecins prestigieux ont prêté leur crédibilité académique à Purdue. Leurs articles ont été cités des milliers de fois. Leurs recommandations ont formé des générations de jeunes médecins.

Ils étaient payés par Purdue pour ça.

C'est de la corruption scientifique systémique.

L'email qui dit tout

Parmi les 10 000 pages, il y a un email qui résume parfaitement le cynisme de toute l'opération.

Email, 17 mars 2001

DE : Richard Sackler

À : Équipe direction

OBJET : Objectifs 2001

Équipe,

Résultats 2000 : excellents. 1,45 milliard $ de revenus. Nous sommes le blockbuster que nous avions prévu.

Mais ne relâchons rien. Le marché de la douleur chronique est encore largement sous-exploité. Il y a 100 millions d'Américains avec une douleur chronique quelconque. Nous n'en touchons que 5 millions.

Objectif 2005 : 5 milliards $ de revenus annuels. C'est ambitieux mais atteignable.

Les inquiétudes sur "l'addiction" vont continuer. Les médias, quelques médecins rabat-joie, peut-être des régulateurs. Ignorez le bruit.

Notre message reste inchangé : l'OxyContin est sûr et efficace quand utilisé comme prescrit. L'addiction est rare. Les vrais problèmes viennent de l'abus et du détournement par des criminels.

Ce n'est pas notre faute si des junkies volent nos médicaments ou mentent à des médecins.

Continuez à pousser.

RS

« Ce n'est pas notre faute si des junkies volent nos médicaments ou mentent à des médecins. »

Des « junkies ».

Richard Sackler appelait les patients devenus dépendants à cause de son produit des « junkies ».

Sarah Chen. Tom Weston. Jake et Emma Morrison.

Des junkies.

J'imprime cet email. Je l'encadre. Il va devenir la pièce maîtresse de mon article.

C'est la fenêtre dans l'âme de Purdue Pharma.

Confrontation

Armé de ces documents, j'obtiens, après six mois de demandes répétées, une interview avec un porte-parole de Purdue Pharma.

Nous nous rencontrons dans leurs bureaux de Stamford, Connecticut. Un building anonyme en verre et acier. Aucun logo visible. Ils préfèrent la discrétion.

Robert Josephson, VP Communications, m'accueille. Costume à 3000 dollars. Sourire professionnel. Deux avocats silencieux assis de chaque côté.

« Merci de nous recevoir, je commence. J'ai quelques questions sur des documents internes que j'ai obtenus. »

Je sors les emails imprimés. Je les pose sur la table.

Josephson pâlit légèrement.

« Où avez-vous obtenu ça ? »

« Source confidentielle. Mais je peux confirmer leur authenticité. Ces métadonnées correspondent à vos serveurs. »

Les avocats se penchent, examinent les documents.

« Ces documents ont été volés, dit l'un d'eux. Leur utilisation pourrait vous exposer à... »

« À rien du tout, je coupe. Ce sont des documents d'intérêt public. Protection du Premier Amendement. Nous avons vérifié avec nos avocats. »

Silence tendu.

« Donc, je reprends. Email du 4 novembre 1997. Richard Sackler ordonne de ne pas investiguer les cas d'addiction signalés. Il écrit, et je cite : 'On ne va pas lancer des études qui pourraient produire des résultats négatifs.' Commentaire ? »

Josephson se racle la gorge.

« Ces emails sont sortis de leur contexte. À l'époque, il y avait beaucoup d'incertitudes scientifiques sur... »

« Rapport du Dr. Ballantyne, mai 1999, je continue. Vos propres données internes montrent un taux de dépendance de 23%. Votre marketing affirmait 'moins de 1%'. Comment expliquez-vous cet écart ? »

« Je... nous ne commentons pas des documents internes prétendument... »

« Email du 16 août 2000. Vous identifiez 47 médecins avec des 'patterns de prescription préoccupants'. Richard Sackler ordonne de continuer à les cibler pour les ventes. N'est-ce pas de la complicité active dans la surprescription ? »

Un des avocats intervient.

« Cette réunion est terminée. Nous n'avons aucun autre commentaire. Toute publication de ces documents fera l'objet de poursuites. »

« Vous me menacez ? »

« Nous vous informons de vos responsabilités légales. »

Josephson se lève, visiblement secoué.

« Purdue Pharma a toujours opéré avec les plus hauts standards éthiques. Nous avons aidé des millions de patients souffrant de douleurs chroniques. Si certains individus ont abusé de nos médicaments, c'est tragique, mais ce n'est pas notre responsabilité. »

« Des 'individus' ? je répète. 500 000 morts. C'est votre définition de 'certains individus' ? »

Silence.

« Nous n'avons rien d'autre à ajouter. »

L'interview est finie.

Mais j'ai ce qu'il me fallait : leur refus de nier l'authenticité des documents.

Publication

L'article paraît six semaines plus tard.

Titre : "Les archives secrètes de Purdue Pharma : Comment un empire pharmaceutique a créé la pire crise sanitaire américaine"

10 000 mots. Vingt documents reproduits. Les emails. Le rapport Ballantyne. Les graphiques montrant la corrélation marketing/overdoses.

Tout.

La réaction est immédiate.

Le New York Times le reprend en une. Le Washington Post fait un éditorial cinglant. Les télévisions nationales m'invitent.

Mais surtout : les procureurs généraux de 47 États annoncent qu'ils lancent des investigations criminelles contre Purdue Pharma.

Le Congrès convoque des auditions.

La FDA ouvre une enquête interne sur pourquoi elle n'a pas imposé l'étude post-marketing demandée en 1999.

Et les familles de victimes, des milliers, commencent à déposer des plaintes collectives.

Trois mois plus tard

Steven Gellar, le lanceur d'alerte qui m'a fourni les documents, m'appelle.

« Vous avez vu ? »

« Vu quoi ? »

« Purdue vient d'annoncer qu'ils arrêtent le marketing de l'OxyContin. Ils retirent tous leurs commerciaux. »

Je vérifie. C'est vrai.

Après 23 ans de marketing agressif, Purdue Pharma annonce qu'elle « suspend toutes activités promotionnelles pour les opioïdes ».

Un communiqué de presse aseptisé. Aucune admission de responsabilité.

Mais c'est une victoire.

« Merci, je dis à Gellar. Sans vous, rien de tout ça ne serait arrivé. »

« Non, dit-il. Sans Amanda. Sans les 500 000 autres. Ce sont eux qu'il faut remercier. Nous, on a juste fait ce qu'on aurait dû faire depuis le début. »

Il marque une pause.

« Dire la vérité. »

Épilogue du chapitre

Les documents de Purdue Pharma que j'ai obtenus représentent la plus grande fuite de l'histoire pharmaceutique.

Ils prouvent, sans l'ombre d'un doute, que la crise des opioïdes n'était pas un accident.

C'était un crime.

Un crime prémédité, exécuté méthodiquement, pendant plus de vingt ans.

Purdue Pharma savait que l'OxyContin créait une dépendance massive. Ils ont choisi de mentir.

Ils savaient que leurs stratégies marketing ciblaient des médecins problématiques. Ils ont continué.

Ils savaient que leurs patients mouraient. Ils ont blâmé les victimes.

Et ils ont fait fortune sur cette montagne de cadavres.

500 000 morts américains. Des millions de vies détruites. Des familles brisées.

Pour 35 milliards de dollars de revenus cumulés.

Ça fait 70 000 dollars par mort.

C'est le prix qu'une vie humaine valait pour Purdue Pharma.

Mais Purdue n'était pas seule.

D'autres laboratoires ont répliqué le modèle. Johnson & Johnson. Teva. Endo Pharmaceuticals. Insys Therapeutics.

D'autres molécules ont suivi. Le fentanyl. Le Subsys. Des opioïdes encore plus puissants.

Et maintenant, cette machine à tuer traverse l'Atlantique.

Les mêmes stratégies s'appliquent en Europe. Les mêmes mensonges se répètent.

L'histoire n'est pas finie.

Le crime continue.

Dans le prochain chapitre, je vais vous montrer comment ces laboratoires ont systématiquement corrompu le corps médical. Comment ils ont transformé des médecins respectables en dealers en blouse blanche.

Et comment certains d'entre eux se sont enrichis sur la dépendance de leurs propres patients.

CHAPITRE 3 La fabrique du mensonge scientifique

17 novembre 2002, Phoenix, Arizona, Convention Center

Le 38e congrès annuel de l'American Pain Society réunit 4 200 médecins, chercheurs et professionnels de la santé. Les halls scintillent de stands pharmaceutiques. Pfizer a loué un espace de 200 mètres carrés. Johnson & Johnson a construit un pavillon entier. Mais le stand le plus impressionnant, trois étages, écrans géants, serveurs en costume, appartient à Purdue Pharma.

À 9h précises, la salle de conférence principale se remplit pour la keynote : « Opioïdes et douleur chronique : révolutionner la prise en charge ».

Le conférencier est Dr. Russell Portenoy, 49 ans, neurologue au Beth Israel Medical Center de New York, professeur à l'Albert Einstein College of Medicine. C'est une star de la médecine de la douleur. Auteur de 300 publications scientifiques. Président élu de l'American Pain Society. Une sommité internationale.

Je suis assis au fond de la salle, bloc-notes en main. Je ne suis pas médecin. Je ne devrais pas être là. Mais moyennant 800 dollars d'inscription comme « journaliste médical indépendant », j'ai obtenu mon badge.

Portenoy monte sur scène sous les applaudissements. Grand, charismatique, le verbe facile. Un orateur né.

« Mes chers collègues, commence-t-il, nous sommes à un moment charnière de l'histoire de la médecine. Pendant des décennies, nous avons sous-traité la douleur chronique par peur irrationnelle des opioïdes. Mais les données scientifiques sont claires. »

Il clique. Une slide apparaît.

« **MYTHE : Les opioïdes sont hautement addictifs** »

« **RÉALITÉ : L'addiction est rare (<1%) quand prescrit correctement** »

« Les études le démontrent de manière répétée, poursuit Portenoy. Portenoy & Foley, 1986. Porter & Jick, 1980. Collett, 1998. Le risque d'addiction iatrogène est minime. »

Une autre slide.

« **100 millions d'Américains souffrent de douleur chronique** »

« **Seulement 5% reçoivent un traitement adéquat** »

« C'est une crise de santé publique, martèle-t-il. Une épidémie de souffrance. Et nous, médecins, en sommes responsables par notre réticence excessive à prescrire. »

Slide suivante.

« **L'opiophobie médicale tue autant que la douleur** »

La salle est captivée. Des centaines de médecins prennent des notes.

« Je vous le dis clairement, continue Portenoy avec passion. Il n'existe AUCUNE dose maximale pour les opioïdes. Si un patient a mal, on augmente. Si 100mg ne suffisent pas, on passe à 200mg. Si 200mg ne suffisent pas, 400mg. Jusqu'à soulagement. »

Il laisse ses mots résonner.

« Certains de mes patients sont à 1000mg de morphine équivalent par jour. Ils fonctionnent normalement. Ils travaillent. Ils vivent. Parce que leur douleur est contrôlée. »

Des hochements de tête approbateurs dans l'audience.

« Il est temps d'abandonner nos préjugés. Les opioïdes ne sont pas des drogues. Ce sont des médicaments. Aussi légitimes que l'insuline pour un diabétique. »

Tonnerre d'applaudissements quand il termine.

Je regarde autour de moi. Des médecins enthousiastes. Convaincus. Prêts à rentrer dans leurs cabinets et appliquer ces « nouvelles pratiques ».

Ce qu'ils ne savent pas, ce que je vais découvrir, c'est que chaque mot de cette présentation a été écrit par Purdue Pharma.

Que Dr. Portenoy a reçu 1,6 million de dollars du fabricant d'OxyContin.

Que les « études » qu'il cite ont été financées, contrôlées et manipulées par l'industrie pharmaceutique.

Que tout, absolument tout, est un mensonge soigneusement orchestré.

Bienvenue dans la fabrique du mensonge scientifique.

Six mois plus tôt, Mai 2002, New York

Ma recherche sur la corruption médicale commence par un appel inattendu.

« Vous êtes le journaliste qui a publié sur Purdue ? » Voix masculine, âge moyen, accent de la côte Est.

« Oui. »

« Je m'appelle David Egilman. Je suis médecin et expert judiciaire. J'ai été embauché dans un procès contre plusieurs laboratoires pharmaceutiques. J'ai obtenu des documents... troublants. »

« Quel genre de documents ? »

« Le genre qui prouve que toute la littérature scientifique sur les opioïdes des vingt-dernières années est frauduleuse. »

Nous nous rencontrons deux jours plus tard dans son bureau de Providence, Rhode Island. Dr. Egilman est professeur à Brown University, spécialiste de santé publique. Il a témoigné dans des dizaines de procès contre des entreprises, amiante, tabac, maintenant pharmaceutique.

Son bureau croule sous les cartons de documents.

« Regardez ça, dit-il en sortant une liasse. Ce sont des articles scientifiques publiés dans les meilleures revues médicales. JAMA. New England Journal of Medicine. Lancet. »

Il les étale sur la table.

« Tous sur l'innocuité des opioïdes pour usage à long terme. Tous signés par des médecins prestigieux. Tous cités des centaines de fois. »

« Et ? »

« Et tous écrits par des employés de Purdue Pharma. »

Il sort un autre ensemble de documents.

« Voici les brouillons originaux. Trouvés sur les serveurs de Purdue lors d'une procédure de discovery. Les auteurs réels sont des employés marketing de Purdue. Les professeurs prestigieux ont juste signé. »

Je prends un exemple.

Article publié : "Long-term opioid therapy for chronic non-cancer pain : A review"

Auteur affiché : Dr. Russell Portenoy, Beth Israel Medical Center

Publié dans : Pain Medicine, 2000

Je compare avec le brouillon.

Document Word, métadonnées :

Auteur : Nancy Sager, Medical Communications, Purdue Pharma

Date création : 23 mars 1999

Modifications : Richard Sackler (commentaires), Howard Udell (révision légale)

C'est du ghostwriting médical.

« Ils font ça systématiquement ? » je demande.

« Systématiquement. » Egilman sort d'autres exemples. « J'ai identifié 47 articles majeurs sur les opioïdes entre 1995 et 2005. Tous prétendument écrits par des universitaires indépendants. 39 ont été rédigés par des agences de communication travaillant pour les laboratoires. »

« C'est légal ? »

« Légal ? Peut-être. Éthique ? Absolument pas. Ces articles façonnent la pratique médicale. Ils sont cités dans les guidelines. Enseignés dans les facs de médecine. Et tout est mensonge. »

Le système des Key Opinion Leaders

Dr. Egilman m'explique le mécanisme.

« Les laboratoires identifient des médecins influents. Des professeurs dans des institutions prestigieuses. Des présidents de sociétés savantes. Ils les appellent 'Key Opinion Leaders' ,KOL. Leaders d'opinion clés. »

Il me montre un document Purdue de 2001.

PROGRAMME KOL, OBJECTIFS STRATÉGIQUES

Identifier et recruter 80-100 médecins leaders dans gestion de la douleur

Critères de sélection :

, Affiliation universitaire prestigieuse

, Publications dans revues à haut impact

, Influence sur pairs (conférencier fréquent)

, Positions dans sociétés savantes

, Accès aux comités de rédaction des guidelines

Stratégie d'engagement :

, Honoraires de consultation : 50-100K /an ** Financementderecherche:200 - 500K

, Voyages conférences internationales

, Authorship d'articles ghostwritten

, Positions payées dans advisory boards

ROI attendu :

Chaque KOL influence 500-1000 médecins via publications, enseignement, conférences

Investment 100K→Impactsurprescriptions 50M

« C'est une armée, dit Egilman. Une armée de médecins respectables qui vendent les produits sans que personne ne réalise qu'ils sont payés pour ça. »

« Les médecins qui les écoutent ne savent pas ? »

« Certains le déclarent. 'Consultant pour Purdue Pharma'. Mais ça passe inaperçu. Les gens voient 'Professeur à Harvard' et pensent que c'est objectif. Ils ne réalisent pas que ce professeur a un million de dollars de conflits d'intérêts. »

Je demande à voir la liste complète des KOL de Purdue.

Le document fait 34 pages. 127 noms.

Je reconnais certains : Dr. Russell Portenoy. Dr. Perry Fine. Dr. Scott Fishman. Dr. Nathaniel Katz.

Les noms qui apparaissent dans toutes les études. Les conférenciers stars. Les auteurs de guidelines.

Tous payés.

Le cas Russell Portenoy, Autopsie d'une corruption

Je décide de me concentrer sur Portenoy. C'est le plus influent. Le plus cité. Le visage public de la « révolution opioïde ».

Je commence par retracer sa carrière.

1981 : Diplôme de médecine, Cornell University

1985 : Spécialisation neurologie, Beth Israel Medical Center

1986 : Première publication majeure sur opioïdes et douleur chronique

1988 : Nommé directeur du département de médecine de la douleur, Beth Israel

1996 : Consultant pour Purdue Pharma (début de collaboration)

1999 : Président de l'American Pain Society

2000-2010 : Auteur de 89 articles sur opioïdes, conférencier dans 200+ événements médicaux

Entre 1996 et 2012, selon les registres publics du Sunshine Act, Portenoy a reçu :

, Purdue Pharma : **1 627 000 $**

, Endo Pharmaceuticals : **487 000 $**

, Janssen (Johnson & Johnson) : **392 000 $**

, Cephalon : **278 000 $**

Total : 2,78 millions de dollars.

Tous fabricants d'opioïdes.

Je cherche ses publications majeures.

1986, "Chronic use of opioid analgesics in non-malignant pain : Report of 38 cases"

Publié dans Pain

C'est l'étude fondatrice. Celle qui a lancé l'idée que les opioïdes pouvaient être utilisés pour des douleurs non-cancéreuses.

Je lis l'étude. 38 patients suivis. L'article conclut que l'usage à long terme est « sûr et efficace, avec un risque minimal d'addiction ».

Mais en examinant les données brutes :

, Durée moyenne de suivi : **8 mois** (pas vraiment "long terme")

, 19 patients (50%) ont **augmenté leurs doses** significativement

, 7 patients (18%) ont montré des « comportements de recherche préoccupants »

, 12 patients (32%) ont **arrêté l'étude prématurément** (raisons non documentées)

Et surtout : l'étude n'avait **aucun groupe contrôle**. Aucune comparaison avec d'autres traitements.

C'est une méthodologie faible. Pourtant, cet article a été cité **plus de 1200 fois** dans la littérature médicale.

Il est devenu LA référence justifiant la prescription d'opioïdes pour douleurs chroniques.

1990, "Opioid therapy for chronic nonmalignant pain : A review of the critical issues"

Publié dans Journal of Pain and Symptom Management

Portenoy y écrit : « *Les données disponibles suggèrent que le risque d'addiction iatrogène est extrêmement faible, peut-être moins de 1%, quand les opioïdes sont prescrits dans un cadre médical approprié.* »

Moins de 1%.

Ce chiffre va être répété des milliers de fois. Par des médecins, des formateurs, des laboratoires.

D'où vient-il ?

Portenoy cite deux sources :

1. **Porter & Jick, 1980,** la fameuse lettre d'une page sur des patients hospitalisés (que nous avons déjà démolie au chapitre 2)
2. **Portenoy & Foley, 1986,** sa propre étude précédente de 38 patients

C'est tout. Une lettre anecdotique et une petite étude sans groupe contrôle.

Sur cette base microscopique, on a construit un dogme médical qui a justifié des millions de prescriptions.

Je contacte Portenoy pour une interview.

Après six semaines de relances, son assistant me répond qu'il est « trop occupé ». Mais il accepte de répondre par email à trois questions.

Question 1 : « Vos études des années 1980-90 concluaient que le risque d'addiction était <1%. Rétrospectivement, pensez-vous avoir sous-estimé ce risque ? »

Réponse Portenoy : « *Les données disponibles à l'époque suggéraient un risque faible dans un contexte médical contrôlé. Nos conclusions étaient basées sur les meilleures preuves scientifiques du moment.* »

Question 2 : « Entre 1996 et 2012, vous avez reçu 2,78 millions de dollars de fabricants d'opioïdes. Pensez-vous que cela a pu influencer vos publications et recommandations ? »

Réponse Portenoy : *« J'ai toujours déclaré mes conflits d'intérêts conformément aux normes éthiques. Mes positions scientifiques sont fondées uniquement sur les données, pas sur des considérations financières. »*

Question 3 : « En 2019, vous avez déclaré lors d'une interview avoir 'regretté le rôle' que vous avez joué dans la crise. Pouvez-vous préciser ? »

Réponse Portenoy : *« Je reconnais que le champ de la médecine de la douleur a évolué et que certaines pratiques des années 1990-2000 se sont révélées problématiques. Comme tout scientifique, j'ajuste mes positions en fonction de nouvelles données. »*

Des réponses convenues. Aucune vraie contrition.

Mais cette admission, « certaines pratiques problématiques », est déjà plus que ce que la plupart des KOL concèdent.

Le ghostwriting médical, Autopsie d'un article fantôme

Dr. Egilman me donne accès aux archives qu'il a obtenues via discovery judiciaire.

Nous plongeons dans l'anatomie complète d'un article ghostwritten.

CAS D'ÉTUDE : "Long-term opioid therapy : Scrutinizing the endpoints"

Auteur publié : Dr. Russell Portenoy

Publié dans : Journal of Pain and Symptom Management, 2003

CHRONOLOGIE RÉELLE :

15 janvier 2002, Email interne Purdue Pharma

DE : Jennifer Williamson, VP Marketing

À : Trilogy Communications (agence de medical writing sous contrat)

Sujet : Nouvel article stratégique

Nous avons besoin d'un article de review dans une revue de prestige pour contrer les inquiétudes croissantes sur usage LT opioïdes.

Objectifs :

, Réaffirmer sécurité usage long terme

, Minimiser risques addiction en légitimant "pseudoaddiction"

, Critiquer études négatives comme méthodologiquement faibles

, Positionner surveillance comme suffisante

Budget : 60K$

Timeline : brouillon dans 8 semaines

KOL cible pour authorship : Portenoy (première option), Fine (backup)

12 mars 2002, Brouillon envoyé par Trilogy Communications à Purdue

Le document Word, 22 pages, contient les métadonnées :

Auteur : Sarah Mitchell, Medical Writer, Trilogy Communications

Entreprise : Document Purdue Pharma

Le texte contient des commentaires en marge :

[NOTE POUR REVIEW : Insister ici sur concept de pseudoaddiction, comportements ressemblant à addiction mais en fait dus à douleur sous-traitée. Cela permet de normaliser les demandes répétées de patients.]

[AJOUTER CITATION : études financées par nous montrant faibles taux d'abus. ÉVITER de citer études indépendantes montrant taux élevés.]

3 avril 2002, Email de Purdue à Dr. Portenoy

Dr. Portenoy,

Ci-joint un manuscrit que nous avons développé sur la thérapie opioïde à long terme. Nous pensons qu'il serait hautement impactant dans JPSM.

Seriez-vous intéressé à le reviewer et le soumettre comme premier auteur ? Nous pouvons bien sûr ajuster le texte selon vos commentaires.

Honoraires habituels : 25 000 $

18 avril 2002, Réponse de Portenoy

Jennifer,

J'ai lu le manuscrit. Excellent travail. Quelques suggestions mineures (voir document annoté).

Je suis d'accord pour soumettre comme premier auteur.

Russell

9 mai 2002, Version finale soumise au Journal of Pain and Symptom Management

Auteur : Russell K. Portenoy, MD

Affiliation : Department of Pain Medicine and Palliative Care, Beth Israel Medical Center, New York

Disclosure : *Dr. Portenoy a servi comme consultant pour Purdue Pharma, Endo Pharmaceuticals et Janssen.*

Aucune mention que l'article a été écrit par une agence payée par Purdue.

Aucune mention que Purdue a contrôlé le contenu.

6 août 200, Article accepté pour publication

Novembre 2003, Article publié

Il sera cité **347 fois** dans la littérature médicale.

Il servira de référence dans **12 guidelines** médicales nationales.

Il influencera la pratique de **dizaines de milliers** de médecins.

Un article fantôme, écrit par une agence marketing, vendu sous le nom d'un professeur prestigieux.

Le concept de "pseudoaddiction" Inventer une maladie pour vendre plus

L'article de Portenoy introduit massivement le concept de « pseudoaddiction ».

Voici comment c'est présenté :

« Les cliniciens doivent distinguer la vraie addiction de la pseudoaddiction. La pseudoaddiction décrit des comportements de recherche de drogue qui ressemblent à une addiction, mais qui sont en réalité causés par un traitement inadéquat de la douleur. Quand la dose

d'opioïde est augmentée de manière appropriée, ces comportements disparaissent. »

En termes simples : si votre patient demande plus de pilules, redemande des prescriptions précoces, va voir plusieurs médecins... ce n'est pas qu'il est devenu accro. C'est qu'il a ENCORE mal. La solution ? Donner PLUS d'opioïdes.

C'est diaboliquement brillant.

Ça transforme tous les signes d'addiction en justifications pour augmenter les doses.

Patient qui redemande des pilules toutes les semaines ? Pseudoaddiction. Donnez-lui plus.

Patient qui vole des pilules à sa famille ? Pseudoaddiction. Sa douleur est sous-traitée.

Patient qui prend 10 pilules par jour alors que la prescription dit 3 ? Pseudoaddiction.

Le concept a été inventé par Dr. David Haddox dans un article de 1989.

David Haddox travaillait pour... Purdue Pharma. Il était VP des affaires médicales.

Un employé de Purdue a inventé une « maladie » qui justifiait de prescrire plus de leur produit.

Et les médecins l'ont gobé.

Les congrès médicaux, Des publicités déguisées en science

Je retourne au congrès de l'American Pain Society de 2002 à Phoenix.

Cette fois, je ne me contente pas d'assister. J'enquête.

Je découvre que sur les 74 sessions scientifiques programmées :

, **41** sont sponsorisées directement par des fabricants d'opioïdes

, **28** sont présidées par des médecins qui sont des consultants payés de ces mêmes fabricants

, **17** présentent des « recherches » financées à 100% par l'industrie

Le programme du congrès lui-même a été imprimé grâce à une « subvention éducationnelle » de 400 000 $ de Purdue Pharma.

Le cocktail d'ouverture, dans une salle somptueuse de l'Arizona Biltmore, est offert par Endo Pharmaceuticals.

Le dîner de gala, avec concert privé d'un groupe connu, est sponsorisé par Janssen.

Les sacs de congrès distribués à tous les participants contiennent des échantillons d'OxyContin, du matériel marketing déguisé en « littérature éducative », et des bons pour des « consultations gratuites » avec des représentants Purdue.

Je m'assois à côté d'un médecin généraliste de l'Iowa pendant le dîner de gala.

« Première fois ? » je demande.

« Troisième année, répond-il. C'est fantastique. On apprend tellement. Et puis, avouons-le, c'est sympa. Phoenix en novembre plutôt que l'Iowa sous la neige. »

« Qui paie votre voyage ? »

« Mon cabinet, officiellement. Mais Purdue rembourse. Ils ont un programme de 'formation médicale continue'. Ils couvrent l'hôtel et l'inscription si on assiste à au moins quatre sessions. »

« Et vous prescrivez de l'OxyContin ? »

« Bien sûr. Pour mes patients avec des douleurs chroniques. Dos, arthrite, ce genre de choses. C'est ce qu'on nous enseigne ici. La douleur est sous-traitée. Les opioïdes sont sûrs quand bien prescrits. »

Il répète mot pour mot les talking points de Purdue.

La corruption des revues médicales

Je rencontre Dr. Jerome Kassirer, ancien rédacteur en chef du New England Journal of Medicine (NEJM), l'une des revues médicales les plus prestigieuses au monde.

Il a quitté le NEJM en 1999 après des désaccords avec la direction. Depuis, il dénonce la corruption de la publication scientifique.

« Les revues médicales sont devenues des outils marketing pour l'industrie pharmaceutique, me dit-il dans son bureau de Boston. Et nous, rédacteurs, avons laissé faire. »

« Comment ça marche ? »

« Plusieurs mécanismes. Le plus évident : la publicité. Les grandes revues dépendent financièrement de la pub pharmaceutique. Le NEJM gagne 20 millions de dollars par an en pub. Vous croyez qu'ils vont publier des articles qui attaquent leurs annonceurs ? »

« Ils censurent ? »

« Pas explicitement. Mais il y a une pression subtile. Un article très critique de Purdue ? On va demander trois rounds de révisions. Trouver des reviewers qui vont le démolir. Le retarder jusqu'à ce que les auteurs abandonnent. »

Il me montre un exemple.

2001, Dr. Jane Ballantyne (celle qui a rédigé le rapport interne chez Purdue) soumet un article au NEJM : "The increasing use of opioids for chronic pain : Reasons for concern".

L'article présente des données montrant des taux d'addiction beaucoup plus élevés que les chiffres officiels de l'industrie.

Le manuscrit est envoyé en peer-review. Les trois reviewers sont :

1. Dr. Russell Portenoy (consultant Purdue : 1,6M$)
2. Dr. Perry Fine (consultant Endo Pharmaceuticals : 890K$)
3. Dr. Rollin Gallagher (consultant Janssen : 340K$)

Les trois reviewers recommandent le **rejet**.

Commentaire de Portenoy : *« Méthodologie faible. Conclusions non supportées par les données. Biais contre les opioïdes. »*

L'article est rejeté.

Il sera finalement publié deux ans plus tard dans une revue moins prestigieuse, où il passera largement inaperçu.

« Les laboratoires ne contrôlent pas directement les revues, explique Kassirer. Mais ils contrôlent les reviewers. Ils contrôlent les comités éditoriaux. Et surtout, ils contrôlent l'argent. »

Il sort une autre donnée.

« Entre 2000 et 2010, les fabricants d'opioïdes ont acheté 1,4 million de dollars de tirés-à-part d'articles favorables publiés dans le NEJM. »

« Tirés-à-part ? »

« Réimpressions. Les labos achètent 100 000 copies d'un article qui dit que leur produit est super, et les distribuent aux médecins. Les revues font des profits énormes sur ces réimpressions. »

Un article favorable peut générer 500 000 $ de revenus pour une revue.

« Donc les revues ont un intérêt financier direct à publier des articles pro-industrie. »

« Exactement. »

Les fausses sociétés savantes

Document suivant : la création de l'« American Academy of Pain Medicine » (AAPM).

Fondée en 1983, l'AAPM se présente comme une organisation professionnelle indépendante représentant les médecins spécialistes de la douleur.

Ce que les membres ne savent pas toujours : entre 2000 et 2012, l'AAPM a reçu **90 millions de dollars** de financement de l'industrie pharmaceutique.

Je trouve les documents financiers de l'AAPM grâce à une demande d'accès aux documents publics.

Budget 2009,American Academy of Pain Medicine

Revenus totaux : 12,3M$

Sources :

, *Cotisations membres : 1,2M*(10 * Congrèsannuel:2,1M *(17%)*

, *"Subventions éducationnelles" industrie pharma : 9M$ (73%)*

Détail subventions industrie :

, Purdue Pharma : 3,2M ** EndoPharmaceuticals:1,8M

, Janssen : 1,6M ** Cephalon:1,1M

, Autres : 1,3M$

73% de leurs revenus viennent des fabricants d'opioïdes.

Et cette « société savante indépendante » rédigeait les guidelines nationales pour la prescription d'opioïdes.

En 2009, l'AAPM et l'American Pain Society publient conjointement les **"Clinical Guidelines for the Use of Chronic Opioid Therapy in Chronic Noncancer Pain"**.

Ces guidelines recommandent :

, Opioïdes comme traitement de première ligne pour douleur chronique

, Aucune dose maximale

, Augmentation progressive jusqu'à soulagement

, Minimisation des risques d'addiction

Ces guidelines seront adoptées par des milliers d'hôpitaux, de systèmes de santé et d'assurances.

Elles vont directement influencer des millions de prescriptions.

Qui les a écrites ?

Le comité rédactionnel de 21 médecins.

Je vérifie leurs conflits d'intérêts.

Résultat : 19 sur 21 (90%) ont des liens financiers avec des fabricants d'opioïdes.

Montant total reçu par le comité : **11,3 millions de dollars**.

Ce n'est pas une société savante. C'est un front de l'industrie pharmaceutique.

Le repenti, Témoignage de Dr. Lynn Webster

En 2019, je réussis à obtenir une interview avec Dr. Lynn Webster.

Webster était une figure majeure de la médecine de la douleur. Il a dirigé une clinique à Salt Lake City qui prescrivait massivement des opioïdes. Il était consultant pour Purdue, Endo, Janssen. Il a reçu plus de 2 millions de dollars de l'industrie.

Entre 2007 et 2012, 20 de ses patients sont morts d'overdose.

En 2012, la DEA a enquêté sur sa clinique. Bien qu'il n'ait pas été inculpé, sa réputation était détruite.

Il vit maintenant retiré dans le Montana. Il a accepté de me parler à condition d'anonymat partiel dans certains passages.

Nous nous rencontrons dans un café de Bozeman.

« Pourquoi avez-vous accepté de témoigner ? » je commence.

Il regarde par la fenêtre, les montagnes au loin.

« Parce que je ne peux plus vivre avec. Vingt de mes patients sont morts. Vingt. Leurs visages me hantent. »

« Comment en êtes-vous arrivé là ? »

« Comme tout le monde. » Il soupire. « J'ai été formé dans les années 1990, au moment où le paradigme changeait. Mes professeurs, des gens comme Portenoy, enseignaient que la douleur était sous-traitée. Que les opioïdes étaient la solution. Que l'addiction était rare. »

« Vous les croyiez ? »

« Évidemment. C'étaient des sommités. C'était publié dans les meilleures revues. Enseigné dans les congrès. Je n'avais aucune raison de douter. »

« Et Purdue ? Quand avez-vous commencé à travailler avec eux ? »

« 1998. Ils m'ont contacté après que j'ai donné une conférence sur la gestion de la douleur. Ils m'ont proposé de devenir 'consultant'. Ça paraissait légitime. Beaucoup de mes collègues le faisaient. »

« Combien payaient-ils ? »

« Au début, 5000 dollars par conférence. Puis ils m'ont mis dans leur 'Speakers Bureau'. Je donnais 20-30 conférences par an. »

Il marque une pause.

« En 2005, je gagnais plus avec mes consultations pharma qu'avec ma pratique médicale. »

« Ça ne vous alertait pas ? »

« Si. Parfois. » Son visage se durcit. « Mais ils étaient très bons. Ils ne vous disent jamais 'prescrivez plus'. C'est toujours 'éduquez vos collègues'. 'Partagez les meilleures pratiques'. Ça sonne noble. »

« Les présentations que vous donniez, qui les écrivait ? »

« Purdue. Ils me donnaient des slides toutes prêtes. Parfois, ils me demandaient mon avis. Mais l'essentiel était écrit. »

« Et les messages ? »

« Toujours les mêmes. La douleur est sous-traitée. Les opioïdes sont sûrs. L'addiction est rare. Si un patient a l'air accro, c'est de la pseudoaddiction, augmentez la dose. »

Il secoue la tête.

« Pseudoaddiction. Quel concept monstrueux. On a pris tous les signes d'addiction et on les a retournés en justifications pour prescrire plus. »

« Quand avez-vous réalisé que quelque chose clochait ? »

« Progressivement. » Il boit son café froid. « J'avais de plus en plus de patients à très hautes doses. 300mg, 500mg, certains à 1000mg d'équivalent morphine par jour. Et ils ne fonctionnaient pas mieux. Au contraire. Ils étaient sédatés, confus, isolés. »

« Vous avez essayé de réduire ? »

« J'ai essayé. Mais c'était presque impossible. Le sevrage est horrible. Les patients supplient. Pleurent. Menacent. Et franchement, à ce stade, je ne savais plus comment les sevrer en sécurité. »

« Et les morts ? »

Son visage se ferme.

« Le premier, c'était en 2007. Jessica. 28 ans. Mère de deux enfants. Je la traitais pour des douleurs lombaires depuis trois ans. Elle était à 240mg d'OxyContin par jour. Un soir, elle a pris un peu plus. Arrêt respiratoire. Morte. »

Sa voix tremble.

« Sa mère m'a appelé. Elle hurlait que j'avais tué sa fille. Et vous savez quoi ? Elle avait raison. »

« Mais vous avez continué à prescrire ? »

« Oui. » Il me regarde, les yeux rouges. « C'est ça le plus horrible. Je me suis dit que c'était un cas isolé. Un accident. Que Jessica avait 'abusé' de ses médicaments. J'ai appliqué exactement la rhétorique que Purdue m'avait enseignée : blâmer le patient. »

« Combien de temps avant que vous arrêtiez ? »

« Cinq ans. Vingt morts. La DEA à ma porte. »

Le silence s'installe.

« Que voulez-vous dire aux médecins qui prescrivent encore ? » je demande finalement.

« Que nous avons été trahis. Trahis par les laboratoires. Par nos professeurs. Par les revues médicales. Par nos propres sociétés savantes. »

Il se penche vers moi.

« Mais que ça ne nous excuse pas. Nous sommes médecins. Notre premier devoir est 'ne pas nuire'. Et nous avons nui. Massivement. »

Les scientifiques exclus

Pour chaque médecin payé et promu, il y avait des scientifiques honnêtes écartés.

Dr. Andrew Kolodny en est l'exemple parfait.

Psychiatre spécialisé en addiction, Kolodny a été l'un des premiers à alerter sur les dangers des opioïdes prescrits. Dès 2003, il publiait des articles avertissant d'une « épidémie émergente ».

Ses articles étaient systématiquement rejetés des grandes revues.

Ses demandes de financement pour des recherches sur l'addiction aux opioïdes prescrits étaient refusées.

Il n'était jamais invité aux grands congrès de médecine de la douleur.

« J'étais blacklisté, me dit-il lors d'une interview téléphonique. Pas officiellement. Mais dans les faits. »

« Comment ça fonctionnait ? »

« Les comités de revues, les organisateurs de congrès, les agences de financement... ils étaient tous noyautés par des gens payés par l'industrie. »

Il me donne un exemple.

En 2005, il soumet un article au *Journal of Pain* : "Prescription opioid abuse : A public health crisis".

L'éditeur en chef du journal est Dr. Scott Fishman. Consultant pour Purdue : 1,2M$.

L'article est envoyé en review à Dr. Rollin Gallagher. Consultant pour Janssen : 340K$.

Rejet.

Motif : « Manque de rigueur. Alarmiste. »

« Je ne pouvais pas publier, dit Kolodny. Je ne pouvais pas présenter en congrès. Je ne pouvais pas obtenir de financements. Pendant dix ans, j'ai crié dans le désert. »

Ce n'est qu'en 2016, quand l'épidémie était devenue impossible à ignorer, que Kolodny a finalement été écouté.

Il préside maintenant Physicians for Responsible Opioid Prescribing (PROP), une organisation qui milite pour des prescriptions restrictives.

Mais ça a pris **13 ans**. Et entre-temps, des centaines de milliers de personnes sont mortes.

Le poids des chiffres

Je compile toutes les données financières que j'ai pu obtenir.

Entre 1996 et 2012, les fabricants d'opioïdes ont dépensé :

, **Payments directs aux médecins "Key Opinion Leaders" : 466 millions $**

(9 347 médecins ont reçu en moyenne 49 800 \c chacun.Les127«topKOL»ontrecuenmoyenne1,8M chacun.)

, **Financement de recherches biaisées : 780 millions $**

(374 études financées par l'industrie. 89% ont conclu que les opioïdes étaient « sûrs et efficaces » pour usage à long terme. Parmi les 47 études indépendantes non financées par l'industrie, seulement 12% ont atteint la même conclusion.)

, **Sponsoring de congrès et événements médicaux : 2,1 milliards $**

, **Financement de sociétés savantes et associations médicales : 1,3 milliard $**

, **Programmes de "formation médicale continue" : 890 millions $**

(Ces programmes, prétendument éducatifs, étaient en réalité des sessions marketing. 47 000 médecins ont participé, frais payés, à des « formations » dans des resorts.)

, **Publicité dans revues médicales : 630 millions $**

Total : 6,2 milliards de dollars.

6,2 milliards dépensés pour corrompre, influencer et manipuler la science médicale.

Et le retour sur investissement ?

Les opioïdes ont généré **73 milliards de dollars** de revenus pour l'industrie pharmaceutique entre 1996 et 2012.

Pour chaque dollar investi dans la corruption scientifique, ils ont gagné 12 dollars.

Et 500 000 personnes sont mortes.

La contamination européenne

Le dernier document que je découvre est le plus inquiétant.

Mémo Purdue Pharma International, 2014

OBJET : Stratégie de marché Europe

Le marché américain des opioïdes est en contraction suite aux régulations et aux procès. Nous devons diversifier géographiquement.

OPPORTUNITÉ EUROPE :

Actuellement, les prescriptions d'opioïdes en Europe sont 5-10x inférieures aux USA. Cela représente un marché potentiel de 15 milliards €.

STRATÉGIE :

Répliquer le modèle américain :

1. Identifier et recruter KOL européens (cible : 200 médecins)

, UK : 40 KOL

, Allemagne : 35 KOL

, France : 30 KOL

, Italie, Espagne : 25 KOL chacun

2. Financer recherches sur "sous-traitement de la douleur en Europe"

3. Créer ou sponsoriser sociétés européennes de médecine de la douleur

4. Lobbying auprès EMA (European Medicines Agency) pour approvals

5. Campagnes "éducation" médecins généralistes

Budget 3 ans : 400M€

ROI attendu : 8 milliards € revenus d'ici 2025

Je vérifie. Tout ça s'est réalisé.

En France, le Pr. Serge Perrot, rhumatologue à l'Hôtel-Dieu, est devenu le « Portenoy français ».

Il a reçu 340 000 € de Mundipharma (filiale de Purdue) entre 2014 et 2019.

Il a co-rédigé les guidelines françaises pour la prescription d'opioïdes.

Il a donné des centaines de conférences sur le « sous-traitement de la douleur ».

Les prescriptions d'opioïdes en France ont augmenté de 150% entre 2004 et 2017.

Les décès par overdose d'opioïdes en France ont augmenté de 140% dans la même période.

L'histoire se répète. Exactement.

Confrontation finale

J'obtiens une dernière interview. Avec Dr. Russell Portenoy lui-même.

C'est en 2019. L'épidémie fait rage. Les procès se multiplient. Il a été obligé de démissionner de Beth Israel.

Nous nous rencontrons dans un bureau d'avocat à Manhattan. Portenoy, 66 ans, les cheveux gris, l'air fatigué. Deux avocats présents.

« Dr. Portenoy, vous avez été la voix la plus influente promouvant les opioïdes pour douleurs chroniques. Rétrospectivement, estimez-vous avoir une part de responsabilité dans cette crise ? »

Long silence.

« C'est... complexe. La science évolue. Nous avons fait de notre mieux avec les données disponibles. »

« Mais les données étaient manipulées. Financées par l'industrie. Vous-même étiez payé par Purdue. »

« J'ai toujours... » Il s'arrête. Prend une grande respiration. « Oui. J'ai été influencé. Pas consciemment, mais... oui. »

C'est la première fois qu'il l'admet publiquement.

« Regrettez-vous ? »

Ses yeux se remplissent de larmes.

« Chaque jour. Je vois les chiffres. Les morts. Et je sais que j'ai joué un rôle. »

« Que diriez-vous aux familles des victimes ? »

Il me regarde, et je vois un homme brisé.

« Que je suis désolé. Profondément désolé. Que j'ai cru que je faisais le bien. Que j'ai été aveuglé par... » Il hésite. « Par l'argent. Par le prestige. Par l'idée que j'étais un pionnier révolutionnaire. »

« Pensez-vous que vous devriez être tenu légalement responsable ? »

Les avocats interviennent immédiatement.

« Cette interview est terminée. »

Portenoy se lève, me serre la main.

« Publiez tout, dit-il doucement. Les gens doivent savoir. »

Conclusion du chapitre

La science médicale a été systématiquement corrompue pendant vingt ans.

Des milliers de médecins, dont certains parmi les plus respectés de leurs disciplines, ont vendu leur crédibilité pour de l'argent.

Des centaines d'études ont été truquées, écrites par des agences marketing et signées par des professeurs prestigieux.

Des revues médicales ont publié des mensonges en échange de revenus publicitaires.

Des sociétés savantes ont été transformées en outils de propagande de l'industrie.

Et les scientifiques honnêtes qui tentaient d'alerter ont été écartés, censurés, blacklistés.

Le résultat : une génération entière de médecins a été formée sur des mensonges.

Ils croyaient sincèrement que les opioïdes étaient sûrs. Que l'addiction était rare. Que prescrire massivement aidait leurs patients.

Ils ne savaient pas qu'ils avaient été manipulés.

Qu'ils étaient les instruments involontaires d'un crime de masse.

500 000 morts.

C'est le prix de la corruption scientifique.

Et ça continue.

En Europe. En Asie. Partout où les laboratoires peuvent exporter leur modèle meurtrier.

La fabrique du mensonge tourne encore.

Il est temps de l'arrêter.

Note de l'auteur :

Les chiffres financiers cités dans ce chapitre proviennent de bases de données publiques (Open Payments/Sunshine Act), de documents judiciaires déclassifiés et d'analyses d'organisations indépendantes. Les cas de ghostwriting sont documentés dans de multiples procès, notamment Commonwealth of Massachusetts v. Purdue Pharma. Les témoignages de Dr. Webster et Dr. Portenöy sont des reconstructions basées sur leurs déclarations publiques et interviews médiatiques. Sources détaillées en annexe.

CHAPITRE 4 Les médecins sous influence

Corruption ordinaire en blouse blanche

7 mars 2008, 6h42 du matin, Portsmouth, Ohio

La file d'attente commence à se former avant l'aube.

Ils arrivent en voiture, en bus, certains à pied. Des hommes et des femmes de tous âges. Certains ont l'air malades, le teint gris, les mains tremblantes. D'autres ont simplement l'air fatigués. Ils s'alignent le long du trottoir devant un petit bâtiment commercial coincé entre un pressing et un magasin de pièces automobiles.

Enseigne discrète : **PORTSMOUTH PAIN MANAGEMENT CENTER**

À 7h, la file compte déjà 73 personnes.

À 8h, quand la porte s'ouvre, ils sont 140.

Je suis là, caméra cachée dans mon sac, me faisant passer pour un patient. J'ai un faux dossier médical, mal de dos chronique suite à un accident de voiture fictif. Un commercial de Purdue Pharma repenti m'a dit : « Si vous voulez voir comment ça marche vraiment, allez à Portsmouth. N'importe quelle clinique de la douleur. Payez cash. Vous aurez votre ordonnance en vingt minutes. »

La salle d'attente est bondée. Pas de magazines. Pas de musique d'ambiance. Juste des chaises en plastique et une odeur de désinfectant bon marché. Une réceptionniste derrière une vitre en plexiglas.

« Nouveau patient ? » me demande-t-elle sans lever les yeux.

« Oui. »

« 300 dollars. Cash uniquement. Aucune assurance acceptée. »

Je paie. Elle me tend un formulaire d'une page.

« Remplissez ça. Le docteur vous verra dans 15 minutes. »

Le formulaire est minimaliste. Nom, date de naissance, description de la douleur. C'est tout. Pas d'historique médical détaillé. Pas de documents à fournir.

J'observe la salle. Un homme dans la cinquantaine, maigre, le regard vide. Une jeune femme qui ne doit pas avoir 25 ans, se balançant nerveusement. Un couple âgé qui a l'air perdu.

Au bout de 18 minutes, on m'appelle.

Le « cabinet médical » est une pièce de 3 mètres sur 4. Un bureau. Deux chaises. Pas de table d'examen. Pas d'équipement médical visible.

Le médecin entre. Dr. Paul Henderson, selon la plaque sur son bureau. La cinquantaine, embonpoint, blouse blanche froissée, regard fatigué.

« Alors, mal de dos ? » demande-t-il en s'asseyant sans me regarder, déjà en train de taper sur son ordinateur.

« Oui. Depuis un accident de voiture il y a six mois. »

« Où exactement ? »

« Bas du dos. Lombaires. »

« Avez-vous essayé d'autres traitements ? »

« Ibuprofène. Ça ne marche pas. »

« D'accord. »

Il tape encore quelques secondes. Puis il se tourne vers moi pour la première fois.

« Je vais vous prescrire de l'OxyContin. 40mg, deux fois par jour. Ça devrait aider. »

« C'est tout ? » je ne peux m'empêcher de demander. « Pas d'examen ? Pas de radio ? »

Il me regarde avec un mélange d'agacement et de lassitude.

« Vous voulez l'ordonnance ou pas ? »

« Oui. »

Il imprime. Me tend le papier.

« Revoyez la réceptionniste pour votre prochain rendez-vous. Dans un mois. Même tarif. »

Consultation totale : **4 minutes 37 secondes.**

Chronomètre.

En sortant, je croise le patient suivant qui entre. La porte reste entrouverte quelques secondes. J'entends :

« Mal de dos ? »

« Oui. »

« D'accord, je vais vous prescrire de l'OxyContin... »

Exactement le même script.

À la réception, je prends rendez-vous pour le mois suivant. En partant, j'observe le parking.

La plupart des gens qui sortent ne vont pas directement à leur voiture. Ils marchent 100 mètres jusqu'à la pharmacie voisine. Certains ressortent de la pharmacie en examinant leur flacon de pilules. D'autres restent dans le parking, et je vois des échanges d'argent discrets.

Certains revendent leurs pilules immédiatement.

Bienvenue dans une **pill mill**. Une usine à ordonnances.

Le système des pill mills

Les pill mills, littéralement « moulins à pilules », sont des cliniques médicales qui existent uniquement pour distribuer des ordonnances d'opioïdes en masse.

Pas de véritable examen médical. Pas de diagnostic sérieux. Pas de suivi. Juste : payez cash, repartez avec votre ordonnance.

Entre 2005 et 2011, les pill mills ont proliféré comme des champignons vénéneux, particulièrement en Floride, en Ohio, en Virginie-Occidentale et au Kentucky.

J'ai identifié et visité 23 pill mills en six mois d'investigation.

Les chiffres sont vertigineux.

Exemple 1 : American Pain Clinic, Lake Worth, Floride

Propriétaire : Chris George (pas médecin, homme d'affaires)

Employait : 7 médecins

Entre 2007 et 2010, cette seule clinique a :

, Distribué **20 millions de pilules d'OxyContin**

, Vu **150 000 patients** (beaucoup venus d'autres États)

, Généré **40 millions de dollars** de revenus

, Prescrit jusqu'à **500 ordonnances par jour** par médecin

Dr. Cynthia Cadet, l'un des médecins employés, prescrivait en moyenne **une ordonnance toutes les 3 minutes** pendant ses journées de 12 heures.

Les patients faisaient la queue dès 4h du matin. Le parking ressemblait à un festival. Des plaques d'immatriculation du Tennessee, de Géorgie, de Caroline du Nord.

Ces gens conduisaient des centaines de kilomètres pour une consultation de 5 minutes à 300 dollars cash.

Pourquoi ? Parce qu'ils savaient qu'ils repartiraient avec leur dose.

En 2010, la DEA a fermé l'American Pain Clinic. Chris George a été condamné à 17 ans de prison. Dr. Cadet a perdu sa licence et a été condamnée à 25 ans.

Mais entre-temps, **72 de leurs patients étaient morts** d'overdose.

Exemple 2 : Dr. Joseph Mammas, clinique de Portsmouth, Ohio

Dr. Mammas était médecin généraliste. Pratique normale jusqu'en 2003.

Puis il a « découvert » la médecine de la douleur.

En 2004, il ouvre la South Ohio Pain Clinic.

Les données que j'ai obtenues via une demande d'accès aux prescriptions (rendue publique lors de son procès) montrent :

2003 : 120 prescriptions d'opioïdes pour l'année (pratique normale)

2005 : 4 873 prescriptions d'opioïdes

2007 : 11 240 prescriptions d'opioïdes

2009 : 18 650 prescriptions d'opioïdes

Une augmentation de **15 000%** en six ans.

Sa clinique employait deux infirmières. Pas d'autre médecin. Lui seul signait toutes les ordonnances.

18 650 ordonnances par an, ça fait **51 ordonnances par jour**, 7 jours sur 7.

En réalité, la clinique n'était ouverte que 5 jours par semaine. Ce qui donne **72 ordonnances par jour**.

Temps moyen de consultation documenté : **6 minutes.**

Dr. Mammas gagnait 300 dollars par consultation, cash uniquement.

Revenus annuels en 2009 : 5,6 millions de dollars.

Pour un médecin de campagne qui gagnait 120 000 dollars avant de découvrir les pill mills.

Il a été arrêté en 2011. Condamné à 18 ans de prison pour trafic de drogue.

43 de ses patients sont morts d'overdose entre 2005 et 2011.

L'infiltration, Ce que j'ai vu

Pendant six mois, je me suis fait passer pour un patient cherchant des opioïdes.

J'ai visité 23 cliniques dans 6 États.

Résultat :

, 21 cliniques sur 23 (91%) m'ont prescrit des opioïdes dès la première visite

, Durée moyenne de consultation : **7 minutes 22 secondes**

, Aucune n'a demandé d'imagerie médicale (radio, IRM)

, 17 sur 23 n'ont fait AUCUN examen physique (pas même toucher mon dos)

, Coût moyen : **285 dollars cash**

, Aucune n'acceptait les assurances santé

À chaque visite, j'enregistrais avec une caméra cachée (légal dans les États où j'opérais avec consentement d'une partie).

Extrait 1, Clinique de Jacksonville, Floride, 14 avril 2009

Moi : « Docteur, est-ce que l'OxyContin n'est pas dangereux ? J'ai entendu dire que ça créait une dépendance. »

Dr. (riant) : « C'est de la propagande anti-douleur. Si vous prenez ça comme prescrit, pour une vraie douleur médicale, il n'y a aucun risque. Zéro. C'est prouvé scientifiquement. »

Moi : « Vous en êtes sûr ? »

Dr. : « Absolument. J'ai des patients qui prennent ça depuis dix ans. Aucun problème. Ils vivent normalement. »

Mensonge total. Mais dit avec une autorité médicale convaincante.

Extrait 2, Clinique de Huntington, Virginie-Occidentale, 3 juin 2009

Dr. : « Vous avez essayé quoi d'autre ? »

Moi : « Juste de l'ibuprofène. »

Dr. : « C'est insuffisant pour votre niveau de douleur. Je vais commencer avec OxyContin 20mg, deux fois par jour. Si dans un mois ce n'est pas assez, on passera à 40mg. »

Moi : « Et si j'ai besoin de plus ? »

Dr. (souriant) : « On peut aller aussi haut que nécessaire. J'ai des patients à 200mg. Le ciel est la limite. »

Le ciel est la limite.

Pour un produit 100 fois plus puissant que la morphine.

Les médecins corrompus, Au-delà des pill mills

Les pill mills représentent l'extrême, des opérations criminelles déguisées en médecine.

Mais la corruption touchait aussi des médecins « respectables ». Des praticiens dans de vrais hôpitaux, avec de vraies qualifications.

Leur corruption était plus subtile. Mieux habillée. Mais tout aussi mortelle.

Dr. Michael Rhodes, Le chirurgien orthopédiste

Dr. Rhodes est chirurgien orthopédiste à Denver. Formation prestigieuse : Johns Hopkins, résidence à la Mayo Clinic. Cabinet prospère. Réputation excellente.

Entre 2005 et 2015, il a reçu **847 000 dollars** de Purdue Pharma, Endo Pharmaceuticals et Janssen.

Je l'ai interviewé chez lui, une villa à 3 millions de dollars dans les collines surplombant Denver.

« Docteur Rhodes, pouvez-vous m'expliquer votre relation avec Purdue Pharma ? »

Il est détendu. Confiant. Il a un avocat présent, mais il a accepté de parler.

« Bien sûr. J'ai été consultant pour eux de 2005 à 2013. Je les aidais à développer des programmes de formation pour les chirurgiens sur la gestion de la douleur post-opératoire. »

« Vous avez reçu 340 000 dollars de Purdue en 2011. Pour quelle activité exactement ? »

« Principalement des conférences. J'en donnais environ 30 par an. »

« Payées combien ? »

« Généralement 5000 dollars par conférence. Plus les frais. »

5000 dollars pour une heure de présentation. Plus vols en première classe, hôtels 5 étoiles, dîners gastronomiques.

« Ces conférences, c'était sur quoi ? »

« Sur l'utilisation appropriée des opioïdes en post-opératoire. Comment gérer la douleur après chirurgie orthopédique. »

« Et vous recommandiez l'OxyContin ? »

« Je présentais les options. OxyContin en faisait partie, oui. »

« Aviez-vous un script fourni par Purdue ? »

Il hésite. L'avocat se penche pour murmurer quelque chose.

« Purdue fournissait... des diapositives. Du matériel éducatif. Mais je personnalisais toujours mes présentations. »

« Avez-vous déjà dit à votre audience que l'OxyContin avait un faible risque d'addiction ? »

« C'était la science acceptée à l'époque. »

« Basée sur des études financées par Purdue. »

« Je ne suis pas épidémiologiste. Je me basais sur la littérature publiée. »

« Vous avez aussi reçu de l'argent pour organiser des 'dinners éducatifs' avec d'autres médecins. Qu'est-ce que c'était ? »

Il soupire.

« Purdue organisait des dîners dans de bons restaurants. J'invitais 10-15 collègues chirurgiens. Je donnais une présentation courte, 20 minutes, sur la gestion de la douleur. Puis on mangeait. C'était du networking médical. »

J'ai obtenu les factures de ces dîners via procédure judiciaire.

Exemple, Dinner éducatif, 17 novembre 2009, The Capital Grille, Denver

, Dr. Rhodes (speaker fee) : **5000 $**

, Repas pour 14 médecins : **3 847 $**

, Vins : **1 240 $**

, Total : **10 087 $**

Pour 20 minutes de présentation sur l'OxyContin.

Et Dr. Rhodes organisait **24 de ces dîners par an.**

« Ces dîners ont-ils augmenté les prescriptions d'OxyContin par vos collègues ? »

« Je n'ai jamais suivi ça. »

Mais Purdue, si.

Document interne Purdue que j'ai obtenu :

ROI Analysis, Speaker Programs, Denver Region, 2009

Dr. Rhode, 24 dinner programs

Audience totale : 312 médecins

Coût total : 242 000 $

Prescriptions OxyContin par médecins participants :

, 6 mois AVANT programme : moyenne 12.4 Rx/mois

, 6 mois APRÈS programme : moyenne 34.7 Rx/mois

Augmentation : 180%

Revenus supplémentaires estimés : 14.8M$

ROI : 61:1

Pour chaque dollar investi dans Dr. Rhodes, Purdue gagnait 61 dollars.

Les voyages de luxe

Un autre mécanisme de corruption : les « symposiums médicaux » dans des destinations paradisiaques.

J'ai obtenu les invitations, agendas et factures de plusieurs de ces événements.

Exemple 1 : "Pain Management Symposium", Boca Raton, Floride, février 2008

Invités : 87 médecins « leaders d'opinion » dans la gestion de la douleur

Programme officiel :

Vendredi :

, 14h-16h : Session scientifique ("Nouvelles approches dans la gestion de la douleur chronique")

Samedi :

, 9h-12h : Session scientifique ("Études de cas complexes")

Dimanche :

, 9h-10h : Synthèse et conclusions

Total : **7 heures** de contenu médical.

Programme réel :

Jeudi soir : Arrivée, cocktail de bienvenue

Vendredi matin : Golf au Boca Raton Resort

Vendredi après-midi : 2h de présentations (essentiellement sur l'OxyContin)

Vendredi soir : Dîner gastronomique, concert privé

Samedi matin : 3h de présentations

Samedi après-midi : "Temps libre" (spa, plage, tennis)

Samedi soir : Gala de clôture, DJ

Dimanche matin : 1h de synthèse

Dimanche après-midi : Départ

Coût par médecin (pris en charge par Purdue) :

, Vol première classe : **2 400 $**

, Hôtel 4 nuits (suite) : **3 200 $**

, Repas et activités : **1 800 $**

, "Honoraires de participation" : **2 500 $**

Total : 9 900 $ par médecin

Pour 87 médecins : **861 300 $**

Un médecin participant, Dr. Sharon Levine (qui a depuis perdu sa licence), m'a confié :

« C'était extraordinaire. L'hôtel était somptueux. La nourriture incroyable. On se sentait... valorisés. Importants. Purdue nous traitait comme des stars. »

« Et les présentations médicales ? »

« Franchement ? On écoutait à moitié. C'était plus une récompense qu'une formation. Mais oui, après ces événements, je prescrivais plus volontiers leurs produits. Par reconnaissance, je suppose. »

Par reconnaissance.

900 000 dollars ont acheté la « reconnaissance » de 87 médecins qui sont rentrés prescrire massivement.

Les techniques des commerciaux

Les représentants pharmaceutiques de Purdue, Endo et autres étaient formés comme des soldats d'élite de la vente.

J'ai obtenu les manuels de formation internes.

Manuel Purdue Pharma, Sales Training 2006, extrait pages 47-52 :

SECTION : "GÉRER LES OBJECTIONS, MÉDECIN RÉTICENT"

SCÉNARIO : Le médecin dit : "Je suis inquiet du risque d'addiction."

MAUVAISE RÉPONSE : "Il n'y a pas de risque."

BONNE RÉPONSE :

1. VALIDER : "C'est une préoccupation légitime, docteur. Votre vigilance vous honore."

2. REDIRIGER : "Mais les données montrent que l'addiction iatrogène est extrêmement rare, moins de 1%, quand le médicament est prescrit correctement."

3. RÉASSURER : "Vous êtes un praticien expérimenté. Vous saurez identifier et gérer les rares cas problématiques."

4. PROBLÉMATISER L'ALTERNATIVE : "Le vrai risque, c'est de laisser vos patients souffrir inutilement. La douleur chronique non traitée entraîne dépression, suicide, perte de qualité de vie."

5. VALORISER : "Des médecins comme vous sont essentiels pour combattre la sous-prescription de la douleur."

OBJECTIF : Transformer l'objection en affirmation de l'expertise du médecin.

SECTION : "ESCALADE DE DOSE, TECHNIQUE DE L'ANCRAGE PROGRESSIF"

Ne jamais proposer immédiatement des doses élevées. Procéder par étapes :

VISITE 1 : "Pour les douleurs modérées, on commence généralement à 20mg 2x/jour."

VISITE 2 (un mois plus tard) : "Comment vos patients répondent-ils ? ... Certains ont besoin d'une légère augmentation à 40mg pour un contrôle optimal."

VISITE 3 : "Pour les cas plus résistants, on peut aller à 80mg. Il n'y a pas de dose maximale, on titre jusqu'au soulagement."

RÉSULTAT : Le médecin augmente progressivement les doses sans réaliser qu'il développe une tolérance chez ses patients.

SECTION : "INCENTIVER, AU-DELÀ DU PRODUIT"

Développer une relation personnelle :

, Apprendre les prénoms de l'épouse/mari et enfants

, Se souvenir des anniversaires, événements personnels

, Apporter des petits cadeaux (légalement autorisés <100$) : café premium, livres, gadgets

, Inviter à des événements sportifs (tickets légalement autorisés)

Un médecin qui vous voit comme un ami prescrit plus que pour un représentant qu'il voit comme un commercial.

J'ai interviewé 17 anciens représentants commerciaux de Purdue.

L'un d'eux, Michael Torres, qui a travaillé pour Purdue de 2003 à 2009, était particulièrement franc :

« On était formés comme des manipulateurs. C'était jamais dit comme ça, bien sûr. C'était 'techniques de communication avancées' ou 'gestion de la relation médecin'. Mais c'était de la manipulation pure. »

« Vous le saviez ? »

« Au début, non. Je pensais qu'on aidait les patients. Qu'on apportait une solution à la douleur. »

« Quand avez-vous réalisé ? »

Il marque une pause.

« Quand j'ai commencé à voir mes médecins dans les journaux. Arrêtés. Accusés de surprescription. Patients morts. »

« Qu'avez-vous ressenti ? »

« De la honte. De la culpabilité. » Il me regarde. « J'ai aidé à créer cette catastrophe. J'ai poussé des médecins honnêtes à prescrire des doses qu'ils n'auraient jamais prescrites autrement. »

« Ils étaient payés combien, ces médecins ? »

« Ça dépendait. Les 'petits' médecins recevaient des déjeuners, des dîners, des échantillons gratuits. Peut-être 2000-3000 dollars par an en 'valeur'. Les moyens, ceux qui prescrivaient déjà pas mal, on les invitait aux symposiums. 5000-10 000 dollars de valeur. »

« Et les gros prescripteurs ? »

« Eux, c'était le package complet. Honoraires de consultation. Speaker programs. Advisory boards. Facilement 50 000 à 100 000 dollars par an. Les top 1% ? Six chiffres. »

« Et vous, comment étiez-vous payés ? »

« Salaire de base : 65 000 dollars. Mais les bonus... ils pouvaient tripler ça. »

« Les bonus étaient basés sur quoi ? »

« Volume de prescriptions dans mon territoire. Pure et simple. Plus mes médecins prescrivaient, plus je gagnais. »

« Donc vous aviez un intérêt financier direct à pousser les prescriptions. »

« Exactement. Et Purdue le savait. C'était tout le système. »

Les enregistrements clandestins

En 2007, un lanceur d'alerte au sein de Purdue, un cadre régional des ventes , a commencé à enregistrer secrètement des réunions internes.

Il m'a fourni 47 heures d'enregistrements audio.

J'en ai fait transcrire les passages les plus accablants.

ENREGISTREMENT 1, Réunion régionale des ventes, Région Midwest, 23 janvier 2007

VOIX 1 (Manager régional) : *« Les chiffres du Q4 sont décevants. On est à -8% par rapport aux objectifs. Il faut inverser la tendance. »*

VOIX 2 (Commercial) : *« Le problème, c'est que les médecins hésitent maintenant. Ils ont vu les reportages sur les overdoses. Ils ont peur. »*

VOIX 1 : *« Alors il faut les rassurer. C'est votre job. Les overdoses, c'est pas les médecins qui les causent, c'est les patients qui abusent. Martelez ça. »*

VOIX 3 (Commerciale) : *« J'ai un médecin qui veut arrêter de prescrire. Il dit qu'un de ses patients est mort. Il se sent responsable. »*

VOIX 1 : *« Vous lui dites que c'est PAS sa faute. Que ce patient a probablement pris autre chose. Alcool, benzos, peu importe. C'est jamais juste l'OxyContin. »*

VOIX 3 : *« Mais... »*

VOIX 1 : *« Pas de 'mais'. Si on perd ce médecin, vous perdez 15% de votre quota. Vous voulez perdre 15% de votre bonus ? »*

VOIX 3 : *« Non. »*

VOIX 1 : *« Alors allez le voir. Rassurez-le. Amenez des études. Soutenez-le. Et s'il prescrit moins, trouvez deux autres médecins pour compenser. »*

ENREGISTREMENT 2, Réunion stratégique nationale, Phoenix, 15 mars 2007

VOIX 1 (Directeur National des Ventes) : *« Certains d'entre vous ont rapporté des médecins qui veulent baisser les doses de leurs patients. C'est une tendance préoccupante. »*

VOIX 2 : *« Comment on gère ça ? »*

VOIX 1 : *« Vous leur expliquez les risques du sevrage brutal. Syndrome de sevrage sévère. Douleur rebond. Potentiel de suicide. »*

VOIX 3 : *« Donc on les convainc de garder les patients à hautes doses ? »*

VOIX 1 : *« Exactement. Et si le médecin insiste pour baisser, suggérez une diminution progressive. Très progressive. 5mg par mois. Ça prendra des années. »*

VOIX 4 : *« Et pendant ce temps, on continue à vendre. »*

VOIX 1 : *« Pendant ce temps, on continue à traiter des patients qui souffrent. »*

(Rires dans la salle)

ENREGISTREMENT 3, Formation commerciale, Atlanta, 6 septembre 2008

FORMATEUR : *« Aujourd'hui, on va parler de facturation. Comment aider vos médecins à facturer plus. »*

COMMERCIAL : *« Pourquoi on ferait ça ? »*

FORMATEUR : *« Parce qu'un médecin qui gagne plus avec les consultations douleur aura plus de patients douleur. Plus de patients = plus de prescriptions. C'est mathématique. »*

COMMERCIAL 2 : *« Concrètement ? »*

FORMATEUR : *« Vous leur montrez comment coder les consultations pour maximiser les remboursements. Par exemple, une* *consultation simple code 99213, remboursée 90* .Maisuneconsultationcomplexecode99215,rembourséee180. »

COMMERCIAL 2 : « *Quelle est la différence ?* »

FORMATEUR : « *Le temps et la complexité documentés. Vous expliquez au médecin : 'Si vous passez 40 minutes avec le patient et documentez plusieurs comorbidités, vous pouvez coder 99215.'* »

COMMERCIAL 3 : « *Donc on leur apprend à... gonfler les consultations ?* »

FORMATEUR : « *On leur apprend à facturer correctement pour le travail qu'ils font. Légalement. Et incidemment, ça les rend plus enclins à voir plus de patients douleur.* »

COMMERCIAL 3 : « *Et à prescrire plus de nos produits.* »

FORMATEUR : « *Exactement.* »

Ces enregistrements sont accablants.

Ils montrent que Purdue formait activement ses commerciaux à :

1. Minimiser les morts et blâmer les victimes
2. Empêcher les médecins de sevrer leurs patients
3. Aider les médecins à maximiser leurs revenus via la gestion de la douleur

C'est une entreprise qui ne vendait pas juste un produit. Elle vendait un système de profit basé sur l'addiction.

Le médecin repenti, Portrait de Dr. Steven Loyd

Dr. Steven Loyd n'est pas un personnage fictif. C'est un médecin réel qui a accepté de me parler longuement.

Nous nous rencontrons dans son bureau de Nashville, Tennessee. Il a 52 ans, cheveux gris, visage marqué par ce qui ressemble à une profonde fatigue morale.

« Merci d'avoir accepté, je commence.

« Si mon histoire peut empêcher ne serait-ce qu'un médecin de faire les mêmes erreurs... » Il laisse la phrase en suspens.

Dr. Loyd a obtenu son diplôme de médecine en 1995. Médecine familiale. Installation à Athens, Tennessee, petite ville de 14 000 habitants.

« Au début, c'était la médecine traditionnelle. Rhumes. Grippes. Diabète. Hypertension. Le quotidien d'un médecin de campagne. »

Puis, en 2001, un représentant de Purdue Pharma le contacte.

« Il s'appelait Brad. Jeune type, sympathique. Il m'a invité à déjeuner. Il voulait me parler de la 'révolution dans la gestion de la douleur'. »

« C'était quoi son pitch ? »

« Que la douleur chronique était scandaleusement sous-traitée. Que des millions d'Américains souffraient inutilement. Que les médecins avaient peur irrationnellement des opioïdes à cause de mythes sur l'addiction. Mais que les études scientifiques, il m'a montré des articles, prouvaient que c'était sûr. »

« Vous l'avez cru ? »

« Pourquoi pas ? C'était dans le New England Journal of Medicine. Signé par des professeurs de Harvard. » Il secoue la tête. « Je ne savais pas que tout était financé par Purdue. »

Brad revient régulièrement. Il apporte des études. Des échantillons gratuits. Il invite Dr. Loyd à un symposium en Floride.

« C'était incroyable. Hôtel magnifique. Tous frais payés. J'ai écouté Russell Portenoy parler. Le type était brillant. Convaincant. Il a montré des graphiques prouvant que moins de 1% des patients développaient une addiction. »

« Vous avez commencé à prescrire ? »

« Progressivement. D'abord pour des cas évidents. Cancer. Post-opératoire sévère. Puis Brad m'a suggéré d'essayer pour des douleurs chroniques. Dos. Arthrite. »

« Les patients allaient mieux ? »

« Au début, oui. Enfin, ils disaient aller mieux. Ils étaient soulagés. Reconnaissants. »

Mais en 2004, Dr. Loyd commence à remarquer des patterns inquiétants.

« J'avais des patients qui revenaient plus tôt que prévu. 'J'ai perdu mes pilules.' 'Quelqu'un me les a volées.' 'Je les ai renversées dans les toilettes.' Toujours des excuses. »

« Vous les croyiez ? »

« Je voulais les croire. C'étaient mes patients. Certains que je connaissais depuis des années. Pourquoi ils me mentiraient ? »

Puis un de ses patients, Robert Dixon, 34 ans, père de deux enfants, meurt d'une overdose en 2005.

« Ça m'a secoué. Mais Brad, le commercial, m'a dit que ce n'était pas ma faute. Que Robert avait probablement mélangé avec de l'alcool. Que j'avais prescrit de manière appropriée. »

« Vous l'avez cru ? »

« Je voulais le croire. Parce que sinon... » Sa voix se brise. « Sinon, ça voulait dire que j'avais tué mon patient. »

Dr. Loyd continue à prescrire. En 2007, il écrit 2 840 prescriptions d'opioïdes. En 2009, 4 210.

« J'étais devenu une pill mill sans même le réaliser. Les patients affluaient de tout le Tennessee. Certains venaient du Kentucky. Ils avaient entendu dire que 'Dr. Loyd prescrivait facilement'. »

« Vous ne trouviez pas ça suspect ? »

« Si. Mais Brad me disait que c'était bon signe. Que ça voulait dire que les patients souffraient vraiment et que j'étais un des rares médecins à les traiter adéquatement. »

En 2010, trois autres patients de Dr. Loyd meurent en six mois.

« C'est là que j'ai réalisé. Quatre morts en cinq ans. Tous des overdoses. Tous mes patients. »

Il arrête de prescrire brutalement.

« Ça a été un chaos. J'avais 180 patients sous opioïdes à long terme. Ils étaient tous dépendants. Quand j'ai refusé de renouveler, certains ont supplié. D'autres ont hurlé. Menacé. »

« Qu'avez-vous fait ? »

« J'ai essayé de les sevrer. Progressivement. Mais je ne savais pas comment. Je n'avais jamais été formé en médecine de l'addiction. »

Beaucoup de ses patients sont allés voir d'autres médecins. D'autres ont acheté au marché noir. Certains se sont tournés vers l'héroïne.

« J'ai créé 180 dépendants. Et après, je les ai abandonnés parce que je ne savais pas comment les aider. »

En 2011, Dr. Loyd ferme son cabinet. Il entre lui-même en cure de désintoxication, il est devenu dépendant au Xanax, qu'il prenait pour gérer son anxiété.

« J'étais détruit. Professionnellement. Psychologiquement. »

Après deux ans de traitement et de thérapie, il se reforme en médecine de l'addiction.

Aujourd'hui, il dirige une clinique spécialisée dans le traitement des patients dépendants aux opioïdes.

« J'essaie de réparer ce que j'ai cassé. Je ne peux pas ramener mes quatre patients morts. Mais je peux aider d'autres victimes. »

« Combien de patients dépendants pensez-vous avoir créés au total ? »

Il a fait le calcul.

« Entre 2001 et 2010, j'ai prescrit des opioïdes à long terme, plus de trois mois, à environ 340 patients. »

« Sur 340, combien pensez-vous sont devenus dépendants ? »

« D'après ce que je sais maintenant sur les taux réels d'addiction... probablement 80 à 100. »

Il me regarde, les yeux rouges.

« J'ai créé une centaine de toxicomanes. Moi. Un médecin qui avait juré de ne pas nuire. »

« Blâmez-vous Purdue ? »

« Bien sûr. Ils m'ont menti. Manipulé. Utilisé. Mais... » Il hésite. « Je me blâme aussi. J'étais médecin. C'était ma responsabilité de vérifier.

De questionner. De ne pas juste gober ce qu'un commercial me racontait. »

« Que diriez-vous aux autres médecins qui prescrivent encore massivement ? »

« Arrêtez. Maintenant. Regardez vos patients vraiment. Pas ce qu'ils vous disent. Regardez leurs yeux. Leurs comportements. Ils ne vont pas bien. Ils sont dépendants. Et vous les tuez lentement. »

Les chiffres de la honte

Combien de médecins ont surprescrit ?

J'ai analysé les données de prescription de la DEA entre 2006 et 2012.

Résultats :

, **5% des médecins** américains (environ 35 000 médecins) ont prescrit **65%** de tous les opioïdes

, **1% des médecins** (7 000 médecins) ont prescrit **35%** de tous les opioïdes

, Les 500 plus gros prescripteurs ont écrit en moyenne **18 000 prescriptions d'opioïdes par an**

18 000 prescriptions par an = **49 prescriptions par jour**, 365 jours par an.

C'est impossible dans une pratique médicale normale. C'est une pill mill.

Sur ces 500 super-prescripteurs :

, **147** ont été arrêtés et condamnés pour trafic de drogue

, **89** ont perdu leur licence médicale

, **264** continuent à pratiquer

Et les patients de ces médecins ?

Une étude de 2019 a suivi 50 000 patients traités par des médecins dans le top 1% des prescripteurs.

Résultats :

, **Taux de dépendance : 41%** (vs. 8% pour patients de prescripteurs modérés)

, **Taux d'overdose non-fatale : 23%** (vs. 4%)

, **Taux de mortalité par overdose : 8.7%** (vs. 1.2%)

Les patients de ces médecins avaient **7 fois plus de risques** de mourir d'une overdose.

Le système de protection

Pourquoi ces médecins n'ont-ils pas été arrêtés plus tôt ?

Parce que le système médical les protégeait.

Les ordres médicaux d'État sont censés surveiller et sanctionner les médecins problématiques.

Mais j'ai découvert qu'ils étaient dramatiquement inefficaces , souvent par design.

Exemple : Ohio State Medical Board

Entre 2005 et 2015, période où l'épidémie explosait en Ohio :

, **Plaintes reçues contre des médecins pour surprescription : 2 847**

, **Investigations ouvertes : 423** (15%)

, **Licences suspendues ou révoquées : 67** (2.3%)

97.7% des médecins signalés ont continué à pratiquer.

Pourquoi ?

J'ai interviewé un ancien membre du Medical Board, sous couvert d'anonymat.

« Le Board est composé majoritairement de médecins. Ils ne veulent pas sanctionner leurs collègues. Il y a un esprit de corps. »

« Même quand des patients meurent ? »

« Même alors. L'attitude générale était : 'Il y a des pommes pourries partout, mais on ne va pas détruire la carrière d'un médecin sur quelques cas malheureux.' »

« Quelques cas ? »

« J'ai vu des dossiers de médecins avec 10, 15 patients morts. Le Board refusait d'agir parce que 'il n'y avait pas de preuve d'intention criminelle'. »

De plus, les laboratoires pharmaceutiques exerçaient une pression énorme.

« Purdue et autres avaient des lobbies puissants. Ils finançaient les campagnes des gouverneurs qui nommaient les membres du Board. Ils menaçaient de procès. Le message était clair : ne touchez pas aux médecins qui prescrivent nos produits. »

Conclusion, La responsabilité médicale

Les laboratoires pharmaceutiques ont créé l'épidémie. Ils ont menti, manipulé, corrompu.

Mais les médecins ont été leurs complices.

Certains, les pill mill doctors, étaient des criminels purs et simples. Ils savaient exactement ce qu'ils faisaient : échanger des ordonnances contre de l'argent.

D'autres, comme Dr. Rhodes, ont été corrompus subtilement. Voyages luxueux, honoraires généreux, prestige. Ils ne se voyaient pas comme corrompus. Ils se voyaient comme des leaders d'opinion.

D'autres encore, comme Dr. Loyd, ont été dupés. Ils croyaient sincèrement aider leurs patients. Ils faisaient confiance à la science publiée, aux autorités médicales, aux représentants pharmaceutiques.

Mais quelle que soit leur motivation, le résultat est le même :

Des centaines de milliers de patients dépendants.

Des centaines de milliers de morts.

La profession médicale porte une responsabilité écrasante dans cette catastrophe.

Les médecins sont censés être les gardiens de la santé publique. Le dernier rempart contre les excès de l'industrie.

Ils ont échoué.

Par cupidité pour certains. Par naïveté pour d'autres. Par lâcheté pour beaucoup, ceux qui voyaient les signaux d'alarme mais préféraient ne pas voir.

Dr. Loyd, à la fin de notre entretien, me dit quelque chose qui résume tout :

« On nous a appris à l'école de médecine : 'D'abord, ne pas nuire.' C'est le serment fondamental. Et j'ai nui. Massivement. Pas par malveillance. Mais le résultat est le même. »

Il regarde par la fenêtre.

« Maintenant, chaque patient que je traite pour addiction aux opioïdes, je me demande : est-ce que son premier médecin était comme moi ? Est-ce qu'il pensait bien faire ? Est-ce qu'il se rend compte de ce qu'il a fait ? »

« La plupart ne réalisent probablement pas, je suggère.

« C'est ça le pire. Des milliers de médecins continuent à prescrire. Convaincus qu'ils aident. Ne réalisant pas qu'ils créent la prochaine génération de toxicomanes. »

Dans le prochain chapitre, nous verrons comment l'industrie pharmaceutique a non seulement corrompu les médecins, mais aussi les régulateurs censés protéger la santé publique.

Comment la FDA, la DEA et d'autres agences gouvernementales ont été infiltrées, paralysées ou achetées.

Comment le dernier rempart a cédé.

Note de l'auteur :

Les cas de pill mills décrits sont basés sur des procès publics et des condamnations documentées. Les chiffres de prescriptions proviennent de la DEA et d'études épidémiologiques. Les enregistrements clandestins sont des reconstructions basées sur des documents judiciaires et témoignages sous serment. Dr. Steven Loyd est un médecin réel qui a partagé son histoire publiquement. Les techniques de vente décrites proviennent de manuels de formation déclassifiés lors de procès. Sources complètes en annexe.

CHAPITRE 5 LA MACHINE À LOBBY : COMMENT ACHETER WASHINGTON

Quand Big Pharma dicte la loi

Washington D.C., mars 2006

Dans le bureau lambrisé du sénateur Orrin Hatch, sixième étage du Russell Senate Office Building, une réunion se tient à huis clos. Aucun journaliste. Aucun procès-verbal officiel. Juste le sénateur républicain de l'Utah, trois de ses principaux conseillers, et deux hommes en costume sur mesure : des lobbyistes de Purdue Pharma.

Sur la table, un projet de loi. Le *Ensuring Patient Access and Effective Drug Enforcement Act*. Un titre rassurant, presque charitable. En réalité, un poison législatif soigneusement formulé qui va ligoter la DEA pour la décennie à venir.

Ce que le sénateur Hatch ne mentionne pas, ce que personne ne mentionnera publiquement pendant des années , c'est que ces deux hommes ne sont pas de simples visiteurs. Ce sont d'anciens hauts responsables de la DEA. Ils connaissent l'agence de l'intérieur. Ses failles, ses procédures, ses points de pression. Et maintenant, ils sont payés par l'industrie pharmaceutique pour la neutraliser.

Loren Malmquist, ancien juge administratif de la DEA, émarge désormais à 450 000 dollars par an chez un cabinet de lobbying représentant les plus grands distributeurs d'opioïdes. D. Linden Barber, ancien directeur associé adjoint de la DEA, a multiplié son salaire par douze en passant de l'autre côté.

C'est le système des *revolving doors*, les portes tournantes, dans toute sa splendeur morbide.

« C'est comme si des généraux de l'armée démissionnaient pour rejoindre l'ennemi », me confiera plus tard Joe Rannazzisi, alors responsable de la division de contrôle des détournements à la DEA. « Sauf qu'ici, l'ennemi tue 50 000 Américains par an. »

Ce jour de mars 2006, dans ce bureau de Washington, se joue bien plus qu'une simple négociation législative. C'est une transaction. Un marchandage. L'échange d'un vote contre des contributions de campagne, d'influence contre de l'argent, de vies humaines contre des profits.

Bienvenue dans la machine à lobby.

Les chiffres qui tuent

Commençons par les données brutes. Celles que l'industrie pharmaceutique préférerait garder dans l'ombre.

Entre 2006 et 2015, les laboratoires pharmaceutiques et les distributeurs de médicaments ont dépensé **880 millions de dollars** en lobbying auprès du Congrès américain. Soit une moyenne de **300 millions de dollars par an**. Pour mettre ce chiffre en perspective : c'est plus que les industries de la défense et du pétrole **combinées**.

Plus de 1 400 lobbyistes ont été employés par Big Pharma pendant cette période. Soit environ **trois lobbyistes pour chaque membre du Congrès**. Imaginez : vous êtes sénateur ou représentant, et trois professionnels grassement payés n'ont qu'une seule mission : vous influencer.

Les documents que j'ai obtenus, des dizaines de milliers de pages de déclarations de lobbying, de contributions de campagne, de notes internes, révèlent une architecture de corruption d'une précision chirurgicale.

Prenez Purdue Pharma. Entre 2006 et 2015, l'entreprise a dépensé **8,7 millions de dollars** en lobbying direct. Mais ce n'est que la partie émergée de l'iceberg. S'y ajoutent :

- **3,4 millions** versés à des groupes de patients (souvent créés de toutes pièces)
- **5,2 millions** à des associations médicales censées être indépendantes
- **12 millions** en "consultants" et "conseillers" divers
- Des **centaines de milliers de dollars** en contributions directes aux campagnes électorales

Au total, un réseau d'influence approchant les **30 millions de dollars** pour une seule entreprise. Et Purdue n'était pas seule. Johnson

& Johnson, Endo Pharmaceuticals, Teva, Insys Therapeutics, tous ont investi massivement dans la même stratégie.

« Quand je suis arrivé à Washington en 1999, il y avait peut-être une douzaine de lobbyistes pharmaceutiques », me raconte Tom Marino, ancien membre du Congrès qui jouera un rôle clé dans cette histoire (nous y reviendrons). « Quinze ans plus tard, ils étaient partout. Dans chaque couloir, à chaque audition, à chaque événement. C'était devenu une *armée.* »

Une armée avec un objectif simple : empêcher toute régulation qui pourrait menacer le flux des opioïdes vers les patients américains, et donc le flux de profits vers les actionnaires.

La liste des inféodés

Pendant trois mois, mon équipe et moi avons compilé et analysé les données de la *Federal Election Commission*, les registres de lobbying, les votes du Congrès. Nous avons croisé les contributions avec les positions législatives, tracé les réseaux d'influence, identifié les schémas.

Ce que nous avons découvert est un système de corruption légalisée d'une ampleur stupéfiante.

Voici les dix parlementaires ayant reçu le plus de contributions de l'industrie pharmaceutique entre 2006 et 2016 :

1. **John Boehner** (R-Ohio), Président de la Chambre des Représentants

Contributions reçues : 297 000 $

Votes pro-industrie : 14 sur 14

2. **Mitch McConnell** (R-Kentucky), Leader de la majorité au Sénat

Contributions reçues : 243 000 $

Votes pro-industrie : 11 sur 11

3. **Orrin Hatch** (R-Utah), Président de la Commission des Finances

Contributions reçues : 234 000 $

Votes pro-industrie : 12 sur 12

4. Tom Marino (R-Pennsylvanie), membre de la Commission judiciaire

Contributions reçues : 186 000 $

Votes pro-industrie : 9 sur 9

5. Fred Upton (R-Michigan), Président de la Commission Énergie et Commerce

Contributions reçues : 172 000 $

Votes pro-industrie : 13 sur 13

6. Paul Ryan (R-Wisconsin), Président du Budget puis de la Chambre

Contributions reçues : 165 000 $

Votes pro-industrie : 10 sur 10

7. Kevin McCarthy (R-Californie), Whip de la majorité

Contributions reçues : 149 000 $

Votes pro-industrie : 8 sur 8

8. Marsha Blackburn (R-Tennessee), Commission Énergie et Commerce

Contributions reçues : 134 000 $

Votes pro-industrie : 11 sur 11

9. Greg Walden (R-Oregon), Commission Énergie et Commerce

Contributions reçues : 128 000 $

Votes pro-industrie : 9 sur 9

10. Pat Toomey (R-Pennsylvanie), Sénateur

Contributions reçues : 119 000 $

Votes pro-industrie : 7 sur 7

La corrélation est parfaite. **Pas un seul vote dissident.** Pas une seule exception. Chaque dollar investi a produit le vote attendu.

« Ce n'est pas de la coïncidence, c'est de la mathématique », m'explique Lawrence Lessig, professeur à Harvard et spécialiste de la corruption institutionnelle. « Quand vous voyez une corrélation de 100 % entre argent reçu et votes rendus, vous n'êtes plus dans la politique. Vous êtes dans la transaction commerciale. »

Mais ces chiffres, aussi éloquents soient-ils, ne racontent qu'une partie de l'histoire. Car l'influence s'achète aussi autrement.

Prenez le sénateur Orrin Hatch. Au-delà des 234 000 dollars reçus directement, son fils aîné, Scott Hatch, travaillait comme lobbyiste pour... Walker Martin, un cabinet représentant les distributeurs pharmaceutiques. Conflit d'intérêts ? Peut-être. Légal ? Absolument.

Ou Tom Marino. Avant d'être élu au Congrès, il était avocat pour des distributeurs pharmaceutiques en Pennsylvanie. Une fois au Congrès, il est devenu leur champion législatif. Après avoir quitté le Congrès en 2019, il a... rejoint un cabinet de conseil lié à l'industrie. La boucle parfaite des portes tournantes.

« Le système est conçu pour que cela paraisse légal », soupire Walter Shaub, ancien directeur du Bureau de l'éthique gouvernementale. « Techniquement, personne n'enfreint la loi. Mais moralement ? C'est de la corruption pure et simple. »

Quinze ans de blocage : l'art de tuer dans l'œuf

Le véritable génie de cette machine à lobby n'est pas seulement d'acheter des votes favorables. C'est d'empêcher que les votes aient lieu.

Depuis 2001, l'année où les premières alarmes ont commencé à retentir sur la surprescription d'OxyContin, jusqu'en 2016, **pas une seule loi fédérale significative** n'a été votée pour réguler les prescriptions d'opioïdes.

Quinze ans. Quinze années pendant lesquelles les overdoses ont explosé, passant de 4 000 morts en 1999 à plus de 33 000 en 2015. Quinze années pendant lesquelles des centaines de projets de loi ont été proposés, débattus, amendés... et tués.

Comment est-ce possible dans une démocratie ?

Les documents internes que j'ai obtenus révèlent la stratégie.

Phase 1 : Infiltration

D'abord, placer vos hommes aux postes clés. En 2007, un mémo interne de Purdue Pharma identifie « 22 membres prioritaires » du

Congrès à « cultiver intensément ». Dix d'entre eux siègent dans les commissions qui contrôlent la législation sur les médicaments.

L'approche est méthodique : invitations à des événements, rencontres avec des « experts médicaux » (payés par l'industrie), visites d'usines pharmaceutiques dans leurs circonscriptions, contributions aux campagnes, emplois pour leurs proches.

« Ils ne vous corrompent pas brutalement », m'explique un ancien assistant parlementaire qui a requis l'anonymat. « C'est plus subtil. Ils vous font sentir que vous faites partie d'un club. Ils vous flattent, vous traitent en VIP. Et progressivement, leurs positions deviennent vos positions. »

Phase 2 : Obstruction

Ensuite, bloquer tout projet de loi dangereux avant qu'il ne prenne de l'ampleur.

Prenez le *Prescription Drug Abuse Prevention Act* de 2009, proposé par la sénatrice démocrate Mary Landrieu. Un texte modéré qui aurait simplement obligé les médecins à vérifier un registre avant de prescrire des opioïdes, pour éviter le « doctor shopping » (patients consultant plusieurs médecins pour obtenir plusieurs prescriptions).

Le projet n'a jamais été voté. Il est mort en commission.

Les notes d'un lobbyiste de PhRMA (le syndicat pharmaceutique) que j'ai obtenues décrivent la stratégie : « Ne pas s'opposer publiquement, mauvaise optique. Utiliser intermédiaires. Mobiliser associations médicales pour soulever 'inquiétudes techniques'. Demander 'études complémentaires'. Gagner du temps. »

Résultat : le projet a été enterré sous les « amendements », les « révisions », les « auditions supplémentaires ». Il a disparu sans qu'aucun vote n'ait lieu.

« C'est comme ça qu'ils fonctionnent », confirme un ancien sénateur que je ne peux nommer. « Ils ne disent jamais non frontalement. Ils disent 'oui, mais...' et le 'mais' dure éternellement. »

Entre 2001 et 2016, j'ai recensé **41 projets de loi** visant à réguler les opioïdes. Parmi eux :

- **31 n'ont jamais quitté les commissions**
- **7 ont été tellement amendés qu'ils sont devenus inutiles**
- **2 ont été votés mais jamais financés**
- **1 seul** a été adopté avec des dispositions significatives, en 2016, quand la crise était devenue trop visible pour être ignorée.

Quinze ans de blocage. Un taux d'échec de 97,5 %.

« Quand je regarde ces chiffres, je vois des visages », me dit le sénateur Joe Manchin (D-Virginie-Occidentale), dont l'État a été ravagé par la crise. « Chaque année de blocage, c'est des milliers de mes concitoyens qui sont morts. Et ils sont morts parce que l'industrie pharmaceutique avait plus de pouvoir que les citoyens. »

Phase 3 : Dilution

Parfois, quand la pression publique devient trop forte, impossible de bloquer complètement. Alors on utilise une autre tactique : vider le texte de sa substance.

Le *Comprehensive Addiction and Recovery Act* (CARA), voté en 2016, en est l'exemple parfait. Présenté comme une réponse majeure à la crise des opioïdes, le texte fait 200 pages, crée une douzaine de programmes, sonne bien.

Mais lisez les petites lignes.

CARA autorise des programmes de prévention, mais ne les finance pas. Il encourage les États à créer des registres de prescription, mais ne les y oblige pas. Il recommande des formations pour les médecins, mais sans sanctions s'ils ne les suivent pas.

« C'est une loi 'aspirationnelle' », ironise un analyste politique. « Elle aspire à faire quelque chose. Mais en pratique, elle ne change rien. »

Plus révélateur encore : ce que CARA ne contient pas.

Aucune limite sur les prescriptions. Aucune responsabilité pour les laboratoires. Aucun renforcement des pouvoirs de la DEA. Aucune restriction sur le marketing. Rien qui pourrait menacer le modèle économique de Big Pharma.

Un email interne de Purdue que j'ai obtenu, daté de mars 2016, est explicite : « CARA acceptable. Pas de menace directe pour nos opérations. Recommandons non-opposition. »

Autrement dit : ce texte censé combattre la crise qu'ils ont créée ne les dérange même pas.

Capturer le régulateur : la castration de la DEA

Mais neutraliser le Congrès ne suffisait pas. Il fallait aussi museler le chien de garde : la Drug Enforcement Administration.

La DEA, c'est l'agence fédérale chargée de contrôler les substances réglementées. En théorie, elle a le pouvoir de sanctionner les distributeurs qui alimentent le marché noir, de suspendre les licences des pharmacies suspectes, de traquer les prescripteurs négligents.

En théorie.

En pratique, entre 2006 et 2016, la DEA a été systématiquement affaiblie, décrédibilisée, paralysée. Et l'industrie pharmaceutique a orchestré cette neutralisation avec une précision militaire.

L'homme qui a le mieux vu cette offensive est Joe Rannazzisi. Chef de la division de contrôle des détournements de la DEA de 2006 à 2015, Rannazzisi était un dur. Ancien de la brigade des stupéfiants de Detroit, il n'avait pas peur des affrontements.

Je l'ai rencontré dans un café anonyme de Washington, un matin de novembre. Cheveux gris, mâchoire carrée, regard fatigué. Un homme qui a livré une guerre et l'a perdue.

« Au début des années 2000, on commençait à voir le problème », me raconte-t-il. « Les distributeurs envoyaient des millions de pilules dans des petites villes. Des pharmacies qui commandaient dix fois plus d'oxy que l'année précédente. C'était évident qu'il y avait détournement. Notre boulot, c'était d'intervenir. »

Et intervenir, il a essayé.

Entre 2008 et 2011, l'équipe de Rannazzisi a ouvert des dizaines d'enquêtes contre les grands distributeurs : Cardinal Health, McKesson, AmerisourceBergen. Des géants qui contrôlent 85 % de la distribution pharmaceutique aux États-Unis.

Ces enquêtes ont révélé des pratiques stupéfiantes.

À Kermit, Virginie-Occidentale (population : 392 habitants), une seule pharmacie a reçu **9 millions de pilules d'hydrocodone** en deux ans. Soit environ 11 000 pilules par habitant et par an. Nourrissons inclus.

À Port Richey, Floride, un distributeur a livré **2,2 millions de pilules d'oxycodone** en un an à une pharmacie grande comme un garage. Les propriétaires payaient comptant, en liquide.

« C'étaient des 'pill mills' déguisés en pharmacies légitimes », explique Rannazzisi. « Et les distributeurs le savaient parfaitement. Leurs propres systèmes informatiques détectaient les anomalies. Mais ils fermaient les yeux parce que c'était trop profitable. »

En 2011, l'équipe de Rannazzisi était prête à frapper fort : suspensions de licences, amendes massives, poursuites pénales.

Puis l'industrie a contre-attaqué.

L'opération décapitation

D'abord, ils sont allés se plaindre au Congrès.

Des lobbyistes de PhRMA et de la Healthcare Distribution Alliance ont rencontré Tom Marino et Orrin Hatch. Leur message : la DEA abuse de son autorité, persécute des entreprises légitimes, entrave le commerce, empêche les patients d'accéder à leurs médicaments.

« C'était du grand n'importe quoi », s'emporte Rannazzisi. « On ne ciblait que les distributeurs qui alimentaient clairement le trafic. Mais ils ont retourné la narrative. Soudain, c'était nous les méchants. »

En 2013, Tom Marino et Marsha Blackburn ont convoqué des auditions à la Chambre sur les « pratiques excessives » de la DEA. Rannazzisi a été appelé à témoigner.

« C'était un tribunal stalinien », se souvient-il. « Ils m'ont interrogé pendant trois heures. Pas sur les distributeurs, sur nos méthodes. Comme si enquêter sur des crimes était le problème. »

Simultanément, l'industrie a attaqué sur un autre front : la pression directe sur la hiérarchie de la DEA.

Des documents que j'ai obtenus montrent qu'entre 2012 et 2014, des avocats représentant Cardinal Health et McKesson ont eu **33 réunions** avec le directeur adjoint de la DEA et le conseiller juridique de l'agence.

Le message était clair : si vous continuez à nous embêter, on fera tout pour vous détruire.

« Progressivement, ma hiérarchie a commencé à freiner nos enquêtes », raconte Rannazzisi. « Chaque action devait être approuvée en haut lieu. Les procédures s'éternisaient. Nos recommandations étaient ignorées. »

En 2014, sur 50 dossiers de suspension de licence que son équipe avait préparés, seulement 6 ont été approuvés. Les 44 autres : bloqués en interne.

« À ce moment-là, j'ai compris qu'ils avaient gagné », dit-il amèrement. « Ils avaient infiltré l'agence. »

Le coup de grâce : la loi qui paralyse

Mais le véritable chef-d'œuvre de cette offensive, c'est le *Ensuring Patient Access and Effective Drug Enforcement Act* de 2016. La loi qu'Orrin Hatch négociait en 2006 avec les lobbyistes de Purdue.

Il aura fallu dix ans, mais ils ont fini par la faire passer.

Parrainée par Tom Marino à la Chambre et Orrin Hatch au Sénat, cette loi change subtilement les pouvoirs de la DEA. Désormais, pour suspendre un distributeur, l'agence doit prouver qu'il représente un « danger imminent » pour la santé publique.

Deux mots. « Danger imminent. »

Cela semble raisonnable, non ? Mais c'est un changement radical.

Avant, la DEA pouvait agir sur la base d'un « risque substantiel ». Désormais, elle doit prouver que le danger est immédiat, en cours, inévitable.

« C'est comme exiger qu'on attende qu'une maison brûle complètement avant de pouvoir appeler les pompiers », s'indigne Rannazzisi. « Le temps qu'on remplisse les nouveaux critères, des milliers de pilules supplémentaires ont inondé le marché. »

Plus pervers encore : la loi donne aux distributeurs le droit de contester toute sanction **avant** qu'elle ne soit appliquée. En d'autres termes, même si la DEA prouve le danger imminent, le distributeur peut bloquer la suspension pendant des mois, voire des années, le temps que les recours judiciaires s'épuisent.

« C'est une paralysie administrative », analyse un juriste spécialisé. « En théorie, la DEA garde ses pouvoirs. En pratique, elle ne peut plus les exercer. »

Le plus hallucinant ? Cette loi a été votée **à l'unanimité**. Pas un vote contre à la Chambre. Pas un vote contre au Sénat.

Comment est-ce possible ?

Parce qu'elle a été votée un vendredi soir d'avril 2016, à 22h30, par consentement unanime (procédure qui ne nécessite pas de présence physique ni de débat). La plupart des sénateurs ne l'avaient même pas lue.

« Marino et Hatch l'ont glissée discrètement », m'explique un assistant sénatorial. « Dans le texte, ça avait l'air technique, presque bureaucratique. Personne n'a réalisé ce que c'était vraiment avant qu'il soit trop tard. »

Joe Rannazzisi a pris sa retraite en 2015, un an avant le vote. Il avait compris que la bataille était perdue.

« Je me suis battu pendant quinze ans », me dit-il, la voix étranglée. « J'ai vu mes agents travailler nuit et jour pour arrêter ce carnage. Et à la fin, le Congrès, censé représenter le peuple, a choisi Big Pharma. Ils ont choisi l'argent. »

Après notre entretien, alors que nous sortons du café, il se retourne vers moi.

« Vous savez combien de personnes sont mortes entre le moment où j'ai commencé à tirer la sonnette d'alarme et ma retraite ? »

Je secoue la tête.

« Plus de 300 000. »

Il s'éloigne dans la nuit de Washington.

La FDA : quand le gendarme devient complice

Si la DEA était le chien de garde, la Food and Drug Administration (FDA) était le juge. C'est elle qui décide quels médicaments peuvent être commercialisés, avec quelles indications, quelles restrictions.

En théorie, la FDA est une forteresse scientifique impartiale. En pratique, elle aussi a été infiltrée.

Le mécanisme est d'une élégance redoutable.

Étape 1 : Financer son propre contrôleur

Depuis 1992 et le *Prescription Drug User Fee Act*, les laboratoires pharmaceutiques paient directement la FDA pour évaluer leurs médicaments. Aujourd'hui, **45 % du budget de la FDA** provient de ces "frais d'utilisation" payés par l'industrie.

Réfléchissez-y. Près de la moitié du financement du régulateur vient de ceux qu'il est censé réguler.

« C'est comme si les criminels payaient le salaire des policiers », commente le Dr Adriane Fugh-Berman, professeure à Georgetown. « Ça crée une dépendance structurelle. »

Cette dépendance a des conséquences concrètes.

Étape 2 : Accélérer les approbations

Au début des années 2000, sous pression de l'industrie, la FDA a créé des procédures "accélérées" pour les médicaments jugés particulièrement innovants ou nécessaires.

Problème : ces procédures ont été détournées.

Prenez l'OxyContin. En 1995, la FDA l'a approuvé en seulement **six mois,** moitié moins que le délai standard. L'examen s'est basé sur un essai clinique de... **133 patients**, suivis pendant **quelques semaines**.

Sur cette base microscopique, la FDA a autorisé Purdue à commercialiser l'Oxy pour les douleurs chroniques (prescription quasi illimitée) et avec un label indiquant que sa formule retard réduisait le risque d'abus.

Ce label a été le sésame du marketing agressif de Purdue pendant quinze ans.

Or il était faux.

Des documents internes de la FDA que j'ai obtenus montrent que plusieurs examinateurs avaient exprimé des doutes. Le Dr Curtis Wright, responsable du dossier, les a ignorés.

Deux ans après l'approbation, Curtis Wright a quitté la FDA pour rejoindre... Purdue Pharma. Salaire de départ : 400 000 dollars par an. Soit dix fois son salaire fédéral.

Coïncidence ?

Étape 3 : Approuver toujours plus fort

La tendance s'est accélérée dans les années 2000. La FDA a approuvé une série d'opioïdes de plus en plus puissants :

- **2006** : Fentanyl transmuqueux (Fentora), 100 fois plus puissant que la morphine
- **2011** : Hydromorphone à haute dose (Exalgo) , 8 fois plus puissant que l'oxycodone
- **2012** : Zohydro ER, oxycodone pur, doses massives, sans mécanisme anti-abus
- **2013** : Subsys, fentanyl sublingual, initialement réservé aux cancers en phase terminale, approuvé pour douleurs chroniques

« C'était une escalade », analyse le Dr Andrew Kolodny, président de Physicians for Responsible Opioid Prescribing. « Chaque nouveau médicament était plus fort, plus dangereux. Et la FDA les approuvait les uns après les autres. »

L'approbation de Zohydro en 2013 est particulièrement scandaleuse.

Le comité consultatif de la FDA, composé d'experts indépendants, avait voté **11 contre 2** pour rejeter le médicament, le jugeant trop dangereux. La FDA a passé outre et l'a approuvé quand même.

« C'était la première fois que je voyais ça », me confie un membre du comité. « Notre recommandation a été complètement ignorée. C'est là que j'ai compris que quelque chose de pourri se passait. »

Étape 4 : Récompenser les complaisants

L'histoire ne s'arrête pas avec Curtis Wright. Le phénomène des portes tournantes à la FDA est systémique.

Entre 2006 et 2016, j'ai identifié **26 hauts fonctionnaires** de la division des médicaments de la FDA qui ont quitté l'agence pour rejoindre l'industrie pharmaceutique ou des cabinets de conseil la représentant.

Parmi eux :

- **Dr John Jenkins**, directeur du Bureau des nouveaux médicaments → rejoint Pfizer (salaire estimé : 650 000 $/an)
- **Dr Janet Woodcock**, directrice du Centre d'évaluation des médicaments → consultante pour plusieurs labos (honoraires : 400 000 $/an)
- **Dr Douglas Throckmorton**, directeur adjoint des programmes réglementaires → Johnson & Johnson (salaire : 550 000 $/an)

« Le message est clair », explique un lanceur d'alerte de la FDA qui a requis l'anonymat. « Si tu es gentil avec l'industrie pendant que tu es à la FDA, tu as un job en or à la sortie. Si tu es trop strict, tu te retrouves professeur dans une fac de province. »

Cette corruption structurelle a des conséquences mortelles.

Un rapport interne de la FDA de 2017 (que je me suis procuré grâce au Freedom of Information Act) estime que si l'agence avait appliqué ses propres standards avec rigueur, **au moins 10 des opioïdes approuvés entre 2000 et 2015 n'auraient pas dû l'être**.

Dix médicaments. Ensemble, ils représentent des centaines de millions de prescriptions. Et des dizaines de milliers de morts.

Neuf millions pour tuer une loi

Mais le document le plus explosif que j'ai obtenu est un mémo interne de Purdue Pharma daté de janvier 2012.

Titre : "Operation Counter-Strike, Budget Q1-Q2".

Il détaille la stratégie de l'entreprise pour contrer le *Stop Addiction Fraud Act*, un projet de loi proposé par le sénateur Jay Rockefeller (D-Virginie-Occidentale).

Cette loi était dangereuse pour Purdue. Elle aurait :

- Interdit le marketing direct d'opioïdes auprès des médecins
- Obligé les labos à financer des programmes de traitement de l'addiction
- Rendu les laboratoires légalement responsables des prescriptions abusives

Le budget alloué par Purdue pour tuer ce projet de loi : **9,1 millions de dollars**.

Pour **une seule loi.**

Le mémo détaille la stratégie sur 18 pages. C'est un manuel de guerre politique.

Phase 1 : Lobbying direct

Budget : 2,3 millions $

Cible : 47 sénateurs identifiés comme "influençables"

Méthode : Réunions, contributions, promesses d'investissements dans leurs États

Phase 2 : Groupes de façade

Budget : 3,1 millions $

Créer et financer des "coalitions de patients" qui s'opposeront publiquement à la loi

Nom de code : *Pain Patient Advocacy Network*, *Coalition for Effective Treatment*

Message : "Cette loi empêchera les malades d'accéder à leurs médicaments"

Phase 3 : Mobilisation médicale

Budget : 1,9 million $

Payer des associations de médecins pour produire des "études" critiquant le projet de loi

Organiser une campagne de courriers de médecins vers les sénateurs

Phase 4 : Médias et communication

Budget : 1,8 million $

Placements publicitaires ciblés dans les districts clés

Op-eds "spontanés" de médecins (ghostwrités par Purdue)

Pression sur les journaux pour minimiser la couverture positive du projet de loi

Le mémo est signé par Howard Udell, alors avocat général de Purdue (qui sera plus tard condamné pour "misbranding" criminel dans l'affaire OxyContin).

J'ai contacté les bureaux de 15 sénateurs mentionnés dans le mémo. Aucun n'a accepté de commenter.

Le *Stop Addiction Fraud Act* a été introduit en février 2012. Il n'a jamais été voté. Il est mort en commission en septembre de la même année.

Neuf millions de dollars. Une loi tuée.

ROI (retour sur investissement) pour Purdue : incalculable. La loi aurait pu leur coûter des centaines de millions en responsabilité légale et perte de revenus.

« Quand les gens me demandent si le lobbying ça marche, je leur montre ce cas », me dit Lee Fang, journaliste d'investigation spécialisé dans l'argent en politique. « Neuf millions, c'est énorme pour une loi. Mais c'est peanuts comparé à ce qu'ils auraient perdu si elle était passée. C'est juste du business. »

Du business qui tue.

Faire taire les médias

L'ultime front de la machine à lobby : les médias.

Car même avec le Congrès acheté, la DEA neutralisée, la FDA complice, il reste un risque : que les journalistes exposent le scandale et créent une pression publique irrésistible.

Il faut donc contrôler la narrative.

Entre 2007 et 2015, Purdue Pharma et les autres laboratoires d'opioïdes ont dépensé environ **35 millions de dollars** en publicité dans les médias nationaux. Pas de publicité directe pour leurs médicaments (interdite pour les opioïdes), mais des campagnes de "sensibilisation à la douleur", des parrainages d'émissions santé, des partenariats avec des rédactions.

« Quand un annonceur vous rapporte des millions, vous réfléchissez à deux fois avant de le critiquer », m'avoue un rédacteur en chef d'un grand quotidien américain (anonymat garanti). « Ce n'est pas de la censure directe. C'est une autocensure. Un sujet critique sur Purdue ? Le service publicité va râler. La direction va demander 'est-ce vraiment prioritaire ?' On finit par laisser tomber. »

Mais la pression est parfois plus directe.

En 2013, le *Los Angeles Times* publie une série d'articles dévastateurs sur l'OxyContin et les pratiques de Purdue. Excellente enquête, prix Pulitzer en vue.

Dans les semaines qui suivent, Purdue embauche Mike Sitrick, expert en gestion de crise et réputation. Sitrick contacte la direction du Times. Le message : si vous continuez, nous contre-attaquons avec nos propres "experts", nous mettons en doute votre rigueur journalistique, nous demandons publiquement des corrections.

« C'est une technique d'intimidation classique », m'explique un ancien associé de Sitrick. « Vous ne menacez pas directement. Vous créez l'impression qu'il y aura un coût, en temps, en énergie, en réputation, à continuer. Souvent, les rédactions reculent. »

Le Times n'a pas reculé et a gagné son Pulitzer. Mais beaucoup d'autres médias ont été moins courageux.

J'ai compilé la couverture médiatique de la crise des opioïdes dans les dix principaux journaux américains entre 2007 et 2012, les années critiques où l'épidémie explosait.

Résultat : **127 articles** au total en cinq ans. Soit environ **25 articles par an** pour l'ensemble de la presse nationale. Pour une crise qui tuait déjà 15 000 personnes par an.

À titre de comparaison, l'épidémie d'Ebola de 2014 (11 morts aux États-Unis) a généré **plus de 1 000 articles** en trois mois.

« Le silence médiatique a été assourdissant », résume Sam Quinones, journaliste et auteur de *Dreamland*, référence sur la crise. « Pendant des années, cette histoire n'intéressait personne. Trop compliquée, trop technique, pas assez sexy. Et pendant ce temps, des communautés entières mouraient dans l'indifférence. »

Ce n'est qu'en 2015-2016, quand la crise est devenue impossible à ignorer, quand elle a touché les banlieues blanches et les classes moyennes, que la couverture a explosé.

Trop tard. Des centaines de milliers de personnes étaient déjà mortes.

Le prix de la démocratie

Fin 2017, un an après l'élection de Trump, le président nomme Tom Marino, le champion de l'industrie pharmaceutique au Congrès, au poste de « drug czar », responsable de la politique antidrogue fédérale.

Le renard dans le poulailler ne serait pas pire.

Mais cette fois, il y a une réaction. *The Washington Post* et *60 Minutes* publient simultanément une enquête dévastatrice sur le rôle de Marino dans l'affaiblissement de la DEA et ses liens avec Big Pharma.

L'indignation publique est telle que Marino retire sa candidature quelques jours plus tard.

Une petite victoire. Mais elle arrive quinze ans trop tard.

« Le système a parfaitement fonctionné, pour l'industrie », analyse Jennifer Taub, professeure de droit à Vermont Law School. « Ils ont investi quelques centaines de millions et gagné des dizaines de milliards. Ils ont paralysé la régulation pendant une génération. C'est le meilleur ROI imaginable. »

Assise dans mon bureau de rédaction, je regarde les piles de documents accumulés pendant des mois d'enquête. Déclarations de lobbying. Contributions de campagne. Emails internes. Témoignages.

Ensemble, ils racontent l'histoire d'une démocratie capturée. D'un système politique transformé en marchandise. D'institutions publiques détournées de leur mission.

Et ils posent une question vertigineuse : si une industrie peut tuer 500 000 Américains en toute impunité simplement en dépensant suffisamment d'argent en lobbying... est-ce encore une démocratie ?

Joe Rannazzisi, l'ancien de la DEA, m'a dit quelque chose que je n'arrive pas à oublier.

« Les gens pensent que la corruption, c'est des enveloppes de cash sous la table. Mais la vraie corruption dans ce pays, elle est parfaitement légale. C'est ça le pire. Tout ce que je vous ai raconté, les contributions, les portes tournantes, l'achat des votes, tout ça est légal. »

Il a marqué une pause.

« On a construit un système où corrompre la démocratie est un crime. Mais acheter la démocratie est un business. »

Les lumières de Washington brillent dans la nuit. Quelque part dans ces bâtiments de marbre et de pouvoir, les lobbyistes sont déjà au travail sur la prochaine bataille. La prochaine loi à tuer. Le prochain régulateur à neutraliser.

La machine tourne. Et les morts s'accumulent.

CHAPITRE 6 LES SACKLER : PORTRAIT D'UNE DYNASTIE CRIMINELLE

Milliardaires au-dessus des lois

Metropolitan Museum of Art, New York, 15 mars 2019

Le Temple de Dendur baigne dans la lumière dorée du crépuscule. Cette merveille égyptienne vieille de 2 000 ans, installée dans son écrin de verre au cœur du Met, est l'une des attractions les plus photographiées de New York. Chaque année, des millions de visiteurs se pressent dans l'aile Sackler pour l'admirer.

L'aile Sackler.

Ces deux mots, gravés sur des plaques de bronze, ornent les murs du musée depuis 1974. Symboles de générosité, de culture, de raffinement. Symboles d'un nom qui résonnait avec prestige dans le monde de l'art, de la médecine, de la philanthropie.

Mais ce soir, une vingtaine de manifestants se sont rassemblés dans la grande salle. Ils portent des bouteilles de pilules géantes en carton. Certains se sont allongés par terre, simulant des overdoses. D'autres brandissent des photos : leurs enfants, leurs frères, leurs sœurs. Morts.

Sur leurs pancartes, on peut lire : "SACKLER = SERIAL KILLER", "LE SANG PAIE VOS DONATIONS", "ENLEVEZ LEUR NOM".

Nan Goldin, photographe célèbre et elle-même survivante d'une addiction aux opioïdes, mène la protestation. Sa voix résonne sous les hauts plafonds :

« Ce temple n'a pas été construit avec de l'argent ! Il a été construit avec du sang ! Le sang de 500 000 Américains morts ! »

La sécurité du musée intervient rapidement, évacue les manifestants. Mais l'image est lancée, virale en quelques heures. Le lendemain, le hashtag #SacklerShame est en tendance mondiale.

Trois mois plus tard, le Metropolitan Museum annonce qu'il retire le nom Sackler de ses murs.

Puis c'est au tour du Louvre. De la National Gallery de Londres. De la Tate. D'Harvard. De Columbia. De Yale.

Un nom, jadis synonyme de grandeur culturelle, est devenu toxique. Radioactif. Maudit.

Comment en est-on arrivé là ?

Comment une famille a-t-elle pu, en une génération, bâtir l'une des plus grandes fortunes américaines, s'acheter une respectabilité dorée... puis voir tout s'effondrer dans l'un des plus grands scandales sanitaires de l'Histoire ?

Cette histoire commence dans le Brooklyn des années 1920, avec trois frères immigrants. Elle se termine, provisoirement, dans une salle d'audience en 2021, avec un accord qui restera comme l'un des dénis de justice les plus scandaleux jamais perpétrés.

Bienvenue dans la saga Sackler.

Acte I : Les origines, De Brooklyn à l'empire

Isaac et Sophie Sackler ont fui la Pologne antisémite au début du 20e siècle pour s'installer à Brooklyn. Isaac tient une petite épicerie. Ils ont trois fils : Arthur (né en 1913), Mortimer (1916) et Raymond (1920).

L'histoire officielle des Sackler, celle qu'ils ont eux-mêmes écrite et diffusée pendant des décennies, est une success story à l'américaine. Trois frères brillants, travaillant dur, s'élevant par le mérite. Arthur, l'aîné, devient psychiatre. Mortimer et Raymond le suivent en médecine.

Dans les années 1950, les trois frères rachètent une petite entreprise pharmaceutique en difficulté : Purdue Frederick Company. Un pari risqué. Une vision entrepreneuriale.

Mais cette histoire édulcorée cache une vérité plus sombre.

Arthur Sackler n'était pas seulement médecin. C'était un génie du marketing pharmaceutique, et, selon plusieurs analystes, l'inventeur des techniques de promotion médicamenteuse agressive qui dominent encore l'industrie aujourd'hui.

Dans les années 1950-1960, Arthur révolutionne la publicité pharmaceutique. Avant lui, les labos se contentaient de brochures sobres destinées aux médecins. Arthur transforme cela en machine de guerre marketing.

Il invente :

- Les campagnes publicitaires massives dans les revues médicales
- Les cadeaux et voyages somptueux pour médecins
- Les "études scientifiques" sponsorisées conçues pour promouvoir un médicament
- Les "key opinion leaders», médecins payés pour vanter un produit
- Le marketing direct auprès des praticiens via des armées de représentants commerciaux

« Arthur Sackler a essentiellement créé le modèle du Big Pharma moderne », me confie Jerry Avorn, professeur à Harvard Medical School. « Il a compris avant tout le monde qu'on pouvait vendre des médicaments comme des voitures ou des lessives. Il a transformé la médecine en marketing. »

Son premier grand succès : le Valium, commercialisé par Hoffmann-La Roche (Arthur était consultant pour eux). Grâce à ses techniques, le Valium devient le médicament le plus prescrit en Amérique dans les années 1970. Un blockbuster.

C'est aussi, accessoirement, le premier scandale massif d'addiction médicamenteuse. Des millions d'Américains, surtout des femmes au foyer, deviennent dépendants. Mais cela n'empêche pas Arthur d'encaisser des dizaines de millions en honoraires.

« Il n'a jamais exprimé le moindre regret », note Patrick Radden Keefe, auteur d'*Empire of Pain*, la biographie définitive des Sackler. « Pour lui, c'était du business. Il vendait un produit légal. Point. »

Arthur meurt en 1987, avant le lancement d'OxyContin. Ses frères Mortimer et Raymond, et surtout leurs enfants, vont porter l'héritage familial à un niveau que même Arthur n'aurait pas imaginé.

Acte II : L'OxyContin, La machine à cash

1. Purdue Pharma lance l'OxyContin.

Le médicament est développé par Robert Kaiko, un scientifique brillant employé par Purdue. L'idée est simple : une formulation à libération prolongée d'oxycodone qui offre douze heures de soulagement de la douleur.

Mais c'est Richard Sackler, fils de Raymond et vice-président de Purdue, qui comprend le véritable potentiel.

Le 18 février 1996, quelques semaines avant le lancement commercial, Richard Sackler prononce un discours devant les cadres de Purdue lors d'une conférence de vente.

J'ai obtenu la transcription de ce discours. Voici un extrait :

« *Il y a ceux qui seront avec nous, et ceux qui seront contre nous. Ceux qui sont avec nous doivent être récompensés. Ceux qui sont contre nous doivent être détruits. Nous devons marteler les mauvais prescripteurs de manière soutenue. Ils ne sont PAS nos amis. Nous devons les priver de leurs patients. Nous devons prendre leurs patients.* »

Relisez ces mots. « Détruire. » « Marteler. » « Prendre leurs patients. »

Ce n'est pas le langage de la médecine. C'est le langage de la guerre.

Et c'est exactement comme cela que Richard Sackler conçoit le lancement d'OxyContin : une campagne militaire pour conquérir le marché de la douleur.

La stratégie est héritée directement d'Arthur : marketing massif, ciblage agressif des médecins, déformation de la science.

Entre 1996 et 2001, Purdue :

- Dépense **200 millions de dollars** en marketing pour OxyContin, du jamais vu pour un seul médicament
- Recrute une armée de **1 000 représentants commerciaux** payés à la commission
- Organise plus de **40 conférences luxueuses** pour médecins (tout-frais-payés dans des resorts de luxe)
- Finance des dizaines d'études biaisées affirmant que l'OxyContin crée moins de dépendance que les autres opioïdes

Le message central, martelé encore et encore : « Le risque d'addiction avec les opioïdes prescrits est inférieur à 1 %. »

C'est un mensonge. Et les Sackler le savent.

Des emails internes que j'ai obtenus montrent qu'en 1997, un an seulement après le lancement, des rapports d'addiction et d'overdose commencent à remonter.

Un email de février 1997, d'un représentant commercial au siège :

« Plusieurs médecins dans mon secteur rapportent des cas de patients qui semblent accros. Certains doublent leur dose sans autorisation. Que dois-je leur répondre ? »

Réponse de la direction marketing (approuvée par Richard Sackler) :

« Ces patients souffrent probablement de 'pseudo-addiction' , leur douleur est sous-traitée. La solution est d'AUGMENTER la dose, pas de la réduire. »

Pseudo-addiction. Un concept inventé de toutes pièces par des médecins payés par Purdue. L'idée : ce qui ressemble à une addiction est en fait de la douleur insuffisamment soulagée. La réponse ? Plus de médicament.

C'est une perversion diabolique de la logique médicale. Et elle a condamné des centaines de milliers de personnes.

Les profits explosent

En 1996, OxyContin génère 45 millions de dollars de ventes.

En 2000 : 1,1 milliard.

En 2010 : 3,1 milliards.

Au total, entre 1996 et 2019, OxyContin rapporte à Purdue Pharma environ **35 milliards de dollars** de revenus.

Purdue est une entreprise privée, détenue à 100 % par la famille Sackler. Pas d'actionnaires externes. Tous les profits vont directement dans leurs poches.

Selon les documents judiciaires que j'ai analysés, entre 1996 et 2018, la famille Sackler a extrait de Purdue environ **13 milliards de dollars** en dividendes et distributions.

Treize milliards.

Pour mettre ce chiffre en perspective :

- C'est plus que la fortune personnelle d'Elon Musk en 2010
- C'est suffisant pour payer les études universitaires de 500 000 étudiants
- C'est l'équivalent du PIB du Mozambique

Et pendant qu'ils encaissaient ces milliards, les morts s'accumulaient.

Acte III : Blanchiment de réputation, L'art d'acheter la respectabilité

Mais gagner de l'argent ne suffisait pas aux Sackler. Ils voulaient aussi de la respectabilité. De la vénération. De l'immortalité culturelle.

La philanthropie a été leur instrument de blanchiment.

À partir des années 1990, et surtout dans les années 2000, au moment même où l'épidémie d'opioïdes explosait, les Sackler ont inondé les institutions culturelles et académiques de donations.

J'ai compilé les dons majeurs documentés entre 1995 et 2019. La liste est vertigineuse :

Musées et institutions culturelles :

- Metropolitan Museum of Art (New York) : **70 millions $** → Aile Sackler
- Louvre (Paris) : **4,2 millions €** → Salles Sackler (art persan et oriental)
- Smithsonian Institution (Washington) : **19 millions $** → Galerie Arthur M. Sackler
- Victoria & Albert Museum (Londres) : **1 million £** → Cour Sackler
- Guggenheim Museum (New York) : **9 millions $**
- Tate Modern (Londres) : **1,5 million £**
- Serpentine Gallery (Londres) : plusieurs millions £ → Sackler Gallery

Universités :

- Harvard University : **15 millions $** → Sackler Museum
- Yale University : **20 millions $**
- Columbia University : **10 millions $** → Sackler Institute
- Oxford University : **10 millions £**
- Tufts University : **15 millions $** → Sackler School of Graduate Biomedical Sciences
- Tel Aviv University : **7 millions $**

Institutions médicales :

- Memorial Sloan Kettering Cancer Center : **30 millions $**
- New York-Presbyterian Hospital : **12 millions $**
- Royal College of Surgeons (Édimbourg) : **1 million £**

Au total, j'estime les donations publiques de la famille Sackler à environ **450 millions de dollars** entre 1995 et 2019.

Près d'un demi-milliard. De l'argent du sang transformé en plaques de marbre.

« C'est du *reputation laundering* », m'explique Anand Giridharadas, auteur de *Winners Take All.* « Vous gagnez votre argent de manière moralement douteuse, puis vous achetez votre entrée dans l'élite culturelle. Votre nom sur un musée efface les questions sur comment vous avez gagné cet argent. »

Le système fonctionne parfaitement pendant deux décennies.

Les Sackler deviennent des piliers de la haute société new-yorkaise et londonienne. Ils sont invités aux galas, aux vernissages, aux dîners d'État. Les directeurs de musées les courtisent. Les présidents d'université les honorent.

David Sackler, fils de Richard, et sa femme Joss sont régulièrement photographiés dans le *New York Times* Style Section, arborant des tenues de créateurs lors d'événements caritatifs.

Mortimer D.A. Sackler, petit-fils du cofondateur, vit dans un manoir de Chelsea à Londres évalué à 40 millions de livres. Il collectionne les œuvres d'art, préside des fondations.

Theresa Sackler, veuve de Mortimer senior, est faite **dame** (Dame Commander of the Order of the British Empire) par la reine Elizabeth II en 2012, pour « services à la philanthropie ».

Une famille de marchands de mort, décorée par la Couronne britannique.

« Le cynisme est absolu », fulmine Ed Bisch, dont le fils Eddie est mort d'une overdose d'OxyContin en 2001. « Pendant qu'ils sablaient le champagne au Met Gala, mon fils agonisait dans son vomi. Cet argent qu'ils donnaient si généreusement, c'était le prix de sa vie. Et de celle de milliers d'autres. »

Acte IV : Le mépris, Ce que révèlent les emails

Mais le plus révoltant n'est pas seulement qu'ils ont gagné des milliards sur la souffrance. C'est qu'ils le **savaient**. Qu'ils ont **vu** ce qu'ils causaient. Et qu'ils ont **continué**.

Les documents internes obtenus lors des procès révèlent une conscience glaciale des dégâts, doublée d'un mépris absolu pour les victimes.

Email de Richard Sackler, 27 mars 2001 :

Le contexte : un article du *New York Times* vient de paraître, documentant des cas d'overdose d'OxyContin.

Richard Sackler écrit à ses cadres :

« *Nous devons marteler sur les abuseurs de toutes les manières possibles. Ils sont imprudents et dangereux. Ce sont les auteurs de leur propre malheur. CE N'EST PAS notre problème. Ils doivent être blâmés pour le problème. CE N'EST PAS la substance. CE SONT les gens. J'ai pensé qu'il serait souhaitable de porter plainte contre certains de ces gens pour diffamation.* »

Relisez cela.

Des gens meurent de son médicament. Sa réaction ? Les attaquer. Les blâmer. Les poursuivre en justice.

« La cruauté est stupéfiante », commente David Herzberg, historien de la médecine à l'Université de Buffalo. « Il inverse complètement la responsabilité. Les victimes deviennent les coupables. C'est une stratégie de déni psychopathique. »

Email interne de Purdue, septembre 2004 :

Un responsable marketing note que les ventes d'OxyContin stagnent. Une réunion est organisée.

Note interne de la réunion (participants incluant Richard Sackler et son frère Jonathan) :

« *Options pour croissance :*

1) Cibler démographies sous-servies, notamment populations rurales, Appalaches

2) Intensifier marketing doses hautes (80mg, 160mg)

3) Explorer marché pédiatrique (douleurs chroniques enfants/ados)

4) Lobbying FDA pour élargir indications »

Ils parlent d'êtres humains comme de « démographies ». De « marchés à explorer ».

L'option 2 est particulièrement sinistre. En 2004, il est déjà évident que les doses élevées créent une dépendance massive. Qu'importe : il faut vendre plus.

L'option 3 est tout simplement monstrueuse. Cibler les enfants.

« Quand j'ai lu ça, j'ai pleuré », me confie une ancienne employée de Purdue (anonymat protégé). « J'ai compris que pour eux, nous n'étions pas dans la santé. Nous étions dans la vente de drogue légale. Et les patients n'étaient que des consommateurs. »

Email de Mortimer D.A. Sackler, juillet 2007 :

Purdue vient de plaider coupable de *criminal misbranding* (publicité mensongère criminelle). L'entreprise paie 634 millions de dollars d'amende.

Mortimer D.A., basé à Londres, écrit à son cousin David :

« *Ennuyeux, mais gérable. Heureusement qu'on a sorti 7[00] ces dernières années. On peut absorber. L'essentiel c'est qu'aucun de nous personnellement [ne soit inquiété]. Business as usual après le bad buzz.* »

« 7[00] » signifie probablement 700 millions de dollars extraits de l'entreprise.

« Bad buzz. »

C'est ainsi qu'il qualifie un plaidoyer de culpabilité criminel pour avoir menti sur un médicament qui tuait des milliers de personnes.

« La banalité du mal de Hannah Arendt, version 21e siècle », résume Evan Osnos du *New Yorker*. « Ce ne sont même pas des monstres expressifs. Ce sont des bureaucrates de la mort. Tout est question de chiffres, de PR, de gestion de crise. L'humanité a été complètement évacuée. »

Acte V : L'extraction, Protéger la fortune

À partir de 2007, et surtout après 2015 quand les poursuites judiciaires se multiplient, les Sackler adoptent une stratégie d'extraction systématique.

Leur objectif : vider Purdue Pharma de tous ses actifs avant que les tribunaux ne puissent saisir quoi que ce soit.

Les procureurs généraux de plusieurs États ont reconstitué ce pillage organisé. Voici le schéma :

Phase 1 : Distributions massives (2008-2016)

Entre 2008 et 2016, Purdue verse à la famille Sackler **10,7 milliards de dollars** en dividendes, bien au-delà des pratiques normales.

Pour financer ces distributions, Purdue :

- S'endette massivement (1,3 milliard de dettes contractées)
- Réduit ses investissements en R&D
- Licencie du personnel
- Diffère des travaux de mise en conformité

« Ils ont saigné l'entreprise à blanc », analyse Maura Healey, procureure générale du Massachusetts. « C'était un pillage anticipé. Ils savaient que Purdue allait s'effondrer sous les poursuites, alors ils ont tout rapatrié pendant qu'il était encore temps. »

Phase 2 : Dispersion offshore (2015-2018)

Où sont allés ces milliards ?

Grâce aux documents judiciaires et à des fuites (notamment les *Paradise Papers*), on peut reconstituer une partie du circuit :

- **1,3 milliard $** transférés vers des trusts aux Îles Caïmans
- **500 millions $** vers des comptes en Suisse (notamment UBS

et Credit Suisse)
- **200 millions £** vers des holdings au Luxembourg
- Des centaines de millions via des sociétés-écrans à Jersey, Guernesey, et dans les îles Vierges britanniques

Le New York Times et ProPublica ont cartographié plus de **150 entités financières** contrôlées par différentes branches de la famille Sackler.

Un labyrinthe.

« C'est une architecture de dissimulation digne d'un cartel de drogue », déclare le procureur général de New York, Letitia James. « Et ce n'est pas une métaphore. Ils SONT un cartel de drogue. Sauf qu'ils opéraient légalement. »

Phase 3 : Achats stratégiques

Une partie de l'argent est aussi investie dans des actifs difficilement saisissables :

- Mortimer achète pour **22 millions $** d'œuvres d'art (Monet, Picasso, Giacometti)
- David Sackler acquiert plusieurs propriétés immobilières sous des noms de sociétés offshore
- Theresa Sackler achète un manoir de **37 millions £** à Londres via un trust des Îles Vierges
- Richard Sackler possède plusieurs résidences, dont un complexe à Boca Raton (Floride) évalué à **4,5 millions $**

En 2019, quand les procès s'intensifient, la majorité de la fortune Sackler est devenue quasi-intouchable, dispersée dans des juridictions opaques, protégée par des structures légales complexes.

« Ils ont eu dix ans d'avance », peste un avocat représentant les victimes. « Pendant qu'on découvrait l'ampleur du scandale, eux mettaient déjà leur argent à l'abri. »

Acte VI : Le déni, Pas un mot de regret

Pendant toute cette période, face aux accusations croissantes, quelle a été la réaction publique des Sackler ?

Le silence. Puis le déni. Jamais la moindre trace de remords.

En 2018, j'ai tenté d'interviewer plusieurs membres de la famille. J'ai envoyé des dizaines de demandes. Aucune réponse directe.

Seul un avocat de la famille, Daniel S. Connolly du cabinet Akin Gump, m'a envoyé une déclaration écrite :

« *La famille Sackler rejette catégoriquement toute suggestion selon laquelle elle aurait contribué à la crise des opioïdes. Purdue Pharma a commercialisé un médicament légal approuvé par la FDA, conformément aux lois et régulations en vigueur. Les membres de la famille ont agi en toutes circonstances avec intégrité et dans le respect des plus hauts standards éthiques.* »

Standards éthiques.

Pendant mes recherches, j'ai trouvé exactement **une seule** déclaration publique d'un membre de la famille exprimant quelque chose qui pourrait ressembler à de l'empathie.

En septembre 2019, lors d'une audience au tribunal des faillites, David Sackler lit une courte déclaration :

« *Je comprends que l'épidémie d'opioïdes a causé d'immenses souffrances. Et pour ma part dans cela, je suis... désolé.* »

Pause. Regard vers ses avocats. Puis :

« *Mais je tiens à préciser que Purdue n'a jamais enfreint la loi intentionnellement. Nous avons toujours cherché à faire ce qui était juste.* »

Trois secondes d'excuses. Suivies immédiatement d'une justification.

Dans la salle, des dizaines de parents de victimes. Certains pleurent. D'autres hurlent « MENTEUR ! », « ASSASSIN ! ».

David Sackler ne les regarde pas. Il fixe ses notes.

« C'était obscène », me raconte Cheryl Juaire, dont le fils Corey est mort d'une overdose en 2011. « Même là, face à nous, face aux cercueils de nos enfants, ils n'ont pas pu s'empêcher de se justifier. Pas une once d'humanité. »

Acte VII : Les dissidents, Quand la famille se déchire

Mais tous les Sackler n'ont pas accepté cette omerta.

En 2018, j'ai été contacté par Elizabeth Sackler, fille d'Arthur (le frère aîné décédé en 1987). Elle voulait parler.

Nous nous sommes rencontrés dans son appartement de Brooklyn Heights, un vaste loft empli d'œuvres d'art et de livres. Elizabeth, 72 ans, artiste et philanthrope féministe, est visiblement rongée par la honte du nom qu'elle porte.

« Mon père est mort avant l'OxyContin », me dit-elle d'emblée. « Il n'a rien à voir avec ça. Et moi non plus. Mais je porte ce nom. Ce nom maudit. »

Elizabeth appartient à la branche Arthur de la famille. Quand les trois frères ont créé Purdue, Arthur détenait des parts. Mais à sa mort en 1987, ses héritiers, Elizabeth et ses frères, ont été rachetés par les branches Mortimer et Raymond.

« Nous n'avons jamais touché un dollar d'OxyContin », insiste Elizabeth. « Pas un. Nous avons été exclus de l'entreprise bien avant. Mais personne ne fait la différence. Pour le monde, un Sackler est un Sackler. »

En 2019, Elizabeth fait un geste radical : elle publie une lettre ouverte dans le *Guardian*, dénonçant ses cousins.

« *Je condamne catégoriquement les actions de la branche Purdue de ma famille. Ce qu'ils ont fait est impardonnable. Ils ont trahi le serment d'Hippocrate, trahi la confiance publique, et causé une souffrance incalculable. Je ne veux plus rien avoir de commun avec eux.* »

Elle n'est pas la seule.

J'ai également interviewé deux autres membres éloignés de la famille (qui ont requis l'anonymat) :

Membre A (petit-neveu d'Arthur) :

« J'ai changé de nom légalement en 2020. Je ne pouvais plus supporter les regards. Mon propre fils, 10 ans, s'est fait traiter de 'fils d'assassin' à l'école. C'était insupportable. »

Membre B (arrière-petite-nièce de Mortimer) :

« Pendant des années, j'étais fière de mon nom. Puis j'ai compris. J'ai vu les chiffres. Les morts. J'ai eu honte. Une honte viscérale. J'essaie maintenant de faire amende honorable à ma façon, en soutenant financièrement des centres de traitement de l'addiction. Mais ça ne ramènera personne. »

Ces témoignages révèlent la fracture au sein de la famille. Les branches directement responsables (descendants de Raymond et Mortimer qui contrôlaient Purdue) contre les branches périphériques, horrifiées par ce qui a été fait en leur nom.

Mais pour les victimes, ces distinctions importent peu.

« Qu'ils aient touché l'argent ou pas, ils ont profité du prestige du nom pendant des années », argue Ryan Hampton, activiste et survivant d'une addiction aux opioïdes. « Le nom Sackler ouvrait des portes, créait des opportunités. Ils ont tous bénéficié de l'aura. Maintenant ils veulent se dédouaner ? Trop facile. »

Acte VIII : La chute des icônes, Effacer le nom

2019 marque le tournant.

La protestation de Nan Goldin au Met n'est que le début. Une par une, les institutions qui avaient accueilli l'argent des Sackler commencent à reculer.

Mars 2019 : La National Portrait Gallery de Londres annule une donation de 1 million £ de la famille Sackler après une pétition de 8 000 signatures.

Mai 2019 : Le Louvre annonce qu'il retire le nom Sackler de ses salles.

Juillet 2019 : La Tate Modern fait de même.

Septembre 2019 : Le Guggenheim déclare qu'il n'acceptera plus de donations des Sackler.

Décembre 2019 : Le Metropolitan Museum retire discrètement les plaques Sackler. Plus d'aile Sackler. Plus de nom.

2020-2021 : Cascade. Harvard, Yale, Columbia, Oxford, le Smithsonian, le Victoria & Albert, les universités de Tel Aviv, de Tufts, toutes retirent le nom ou annoncent qu'elles cherchent à le faire.

Certaines institutions retournent même l'argent.

Université de Tufts : Restitue une donation de 5 millions $ et retire le nom Sackler de son école de médecine.

Pour une famille qui a investi des centaines de millions pour acheter l'immortalité culturelle, c'est un effondrement total.

« C'est un phénomène sans précédent », analyse Rob Reich, professeur à Stanford et spécialiste de la philanthropie. « Habituellement, une fois que votre nom est sur un bâtiment, il y reste pour toujours. Là, nous assistons à une réécriture culturelle. Un nom est en train d'être effacé de l'histoire. »

Pas complètement effacé, cependant. Certaines institutions résistent.

Le Sackler Museum de Harvard existe toujours (bien que l'université ait annoncé vouloir le renommer, les complexités juridiques retardent le processus).

La Sackler Library d'Oxford garde son nom (pour l'instant).

Et surtout, les Sackler conservent leur fortune.

Acte IX : Le procès, Face à la justice

En septembre 2019, Purdue Pharma déclare faillite. Écrasée sous le poids de 2 600 poursuites judiciaires lancées par des États, des comtés, des villes, des hôpitaux, des familles.

La faillite est une stratégie. Un bouclier.

En droit américain, une faillite suspend toutes les poursuites et centralise les négociations. C'est aussi un moyen de protéger les propriétaires, en l'occurrence, la famille Sackler.

Les négociations durent deux ans. D'un côté : des milliers de victimes et leurs avocats, les procureurs généraux de 50 États. De l'autre : les Sackler et leur armée d'avocats parmi les plus chers du pays.

L'enjeu : combien vont-ils payer ? Et surtout, seront-ils poursuivis pénalement ?

Les audiences sont déchirantes.

Des parents viennent témoigner, tenant des photos de leurs enfants morts. Des veuves. Des survivants, le corps ravagé par des années d'addiction.

Cheryl Juaire, que j'ai déjà citée, lit une lettre adressée directement aux Sackler :

« *Vous avez tué mon fils aussi sûrement que si vous lui aviez mis un pistolet sur la tempe. Mais vous l'avez fait proprement, avec une ordonnance, avec un médecin complice, avec la bénédiction de la FDA. Vous avez tué des centaines de milliers de personnes. Et vous voulez qu'on vous laisse garder vos milliards ? Vous voulez l'immunité ? Pendant que moi, je n'aurai jamais mon fils ?* »

Sa voix se brise. Elle s'effondre. La salle pleure avec elle.

À quelques mètres, derrière une vitre (ils ont obtenu le droit de ne pas être physiquement dans la même salle), plusieurs membres de la famille Sackler sont assis. Visages de marbre. Costumes impeccables.

Pas un regard vers Cheryl.

« C'est là que j'ai compris qu'on allait perdre », me confiera plus tard un avocat des plaignants. « Ils n'ont aucune empathie. Et dans un tribunal, face à des avocats de ce calibre, l'empathie ne compte pas. Ce qui compte, c'est le droit. Et le droit était de leur côté. »

Acte X : L'accord scandaleux, Six milliards pour l'immunité

3 septembre 2021

Le juge Robert Drain, du tribunal des faillites du district sud de New York, rend son verdict.

Il approuve l'accord négocié entre Purdue Pharma, la famille Sackler, et les plaignants.

Termes de l'accord :

1. **Purdue Pharma cesse d'exister** en tant qu'entreprise privée. Elle devient une « public benefit corporation » dont les profits futurs seront versés aux programmes de lutte contre l'addiction.
2. **La famille Sackler paie 6 milliards de dollars** sur 9 ans pour indemniser les victimes et financer des programmes de traitement.
3. **En échange, les membres de la famille Sackler reçoivent l'immunité civile totale.** Ils ne pourront plus jamais être poursuivis pour leur rôle dans la crise des opioïdes. Par quiconque. Jamais.

Six milliards. Cela semble énorme.

Mais rappelez-vous : ils ont extrait **13 milliards** de Purdue.

Donc en réalité, ils gardent **7 milliards**. Sept milliards de dollars de profits issus d'un médicament qui a tué plus d'un demi-million d'Américains.

« C'est une blague », fulmine Maura Healey, procureure générale du Massachusetts, qui s'est opposée à l'accord jusqu'au bout. « Ils ont causé l'une des pires crises sanitaires de l'histoire américaine. Ils ont menti, manipulé, corrompu. Et leur punition ? Ils rendent la moitié de ce qu'ils ont volé et s'achètent l'immunité pour toujours. »

Plus scandaleux encore : l'immunité couvre **tous** les membres de la famille. Même ceux qui n'ont jamais travaillé pour Purdue. Même les enfants et petits-enfants. Même pour des crimes qui pourraient être découverts à l'avenir.

« C'est une amnistie générale pour une dynastie », résume Paul Hanly, avocat principal des plaignants. « En droit américain, ça n'existe normalement pas. Mais ils ont réussi. »

Comment ont-ils obtenu cela ?

En instrumentalisant la loi sur les faillites. Le mécanisme utilisé s'appelle une « third-party release », une disposition qui permet, dans certaines circonstances, de protéger des tiers (ici, la famille Sackler) dans le cadre d'une faillite.

C'est une procédure rare, normalement réservée à des cas exceptionnels. Mais les avocats des Sackler ont réussi à convaincre le juge Drain que :

- Sans cette immunité, la famille ne paierait pas les 6 milliards
- Les victimes recevraient alors encore moins (car Purdue seule n'a plus d'actifs)
- Donc c'est le « meilleur accord possible dans les circonstances »

Le juge Drain, dans son jugement de 159 pages, écrit :

« *Cet accord est loin d'être parfait. Il ne rend pas justice à toutes les victimes. Mais c'est le seul moyen d'obtenir une compensation substantielle et rapide pour ceux qui souffrent. C'est un compromis. Et dans un monde imparfait, les compromis sont parfois nécessaires.* »

Compromis.

Ce mot va hanter les victimes.

Épilogue : Sept milliards et une vie dorée

Aujourd'hui, en 2024, les Sackler vivent paisiblement.

Richard Sackler, 74 ans, réside principalement dans son domaine de Boca Raton, en Floride. Il ne donne jamais d'interviews. Il est protégé par l'immunité.

David Sackler et sa femme Joss ont quitté les États-Unis. Ils vivent entre Londres et le sud de la France. Photos Instagram (compte privé, mais fuité) : yachts, vignobles, vernissages.

Theresa Sackler, 90 ans, vit toujours dans son manoir de 37 millions de livres à Chelsea, Londres. Elle a conservé son titre de Dame.

Mortimer D.A. Sackler et sa famille voyagent entre leurs résidences de Londres, New York et les Caraïbes.

Ensemble, ils conservent environ **7 milliards de dollars.**

Pour contextualiser ce que cela représente :

- Même en ne touchant que 2 % d'intérêt par an, c'est **140 millions de dollars** de revenus passifs annuels
- C'est suffisant pour que chaque membre de la famille dépense **10 000 dollars par jour** pendant 200 ans
- C'est plus que les fortunes combinées de Taylor Swift, Beyoncé et Oprah Winfrey

Ils ne verront jamais l'intérieur d'une cellule de prison. Ils ne paieront jamais d'amende supplémentaire. Ils ne répondront jamais devant un tribunal pénal.

« Ils ont acheté leur sortie du système judiciaire », résume Gerard Colby, avocat spécialisé dans les class actions. « C'est la plus parfaite démonstration que la justice américaine a un prix. Et s'ils vous avez assez d'argent, vous pouvez littéralement acheter l'impunité. »

Coda : Le nom qui ne meurt pas

Dernière scène.

Octobre 2023. Je suis au cimetière de Salem Fields, dans le Queens, New York.

C'est là que repose Arthur Sackler, mort en 1987. Sa tombe est surmontée d'un imposant monument de granit. Gravé en lettres dorées : **SACKLER.**

Autour, d'autres membres de la famille. Mortimer senior (mort en 2010). Raymond (mort en 2017).

Un nom gravé dans la pierre. Littéralement.

Pendant que je photographie les tombes, une femme d'une cinquantaine d'années s'approche. Elle dépose des fleurs sur une tombe voisine.

Elle me voit, devine ce que je fais.

« Vous êtes journaliste ? »

J'acquiesce.

« Mon frère est mort d'une overdose d'Oxy en 2009. Il avait 28 ans. Il est enterré ici. »

Elle montre une pierre tombale simple, à dix mètres du monument Sackler.

« Vous trouvez ça juste ? Lui, une petite pierre. Eux, un mausolée. »

Je ne sais pas quoi répondre.

« Ils ont tué mon frère. Et ils dorment ici, en paix, dans leurs tombes de luxe. Comme s'ils étaient des bienfaiteurs de l'humanité. »

Elle s'éloigne. Puis se retourne :

« Un jour, quelqu'un va détruire ces tombes. Quand tout le monde réalisera vraiment ce qu'ils ont fait. Un jour, il n'y aura plus rien ici. »

Je pense à cette prédiction.

Les musées ont retiré leur nom. Les universités les renient. L'histoire les jugera parmi les plus grands criminels du 21e siècle.

Mais leur fortune, elle, demeure. Intouchable. Offshore. Protégée.

Dans les paradis fiscaux du monde, dans les comptes suisses, dans les trusts des Caïmans, les 7 milliards de dollars continuent de fructifier.

Le sang s'est transformé en argent. L'argent s'est transformé en plaques de marbre. Les plaques ont été arrachées. Mais l'argent, lui, reste.

C'est l'épitaphe parfaite de notre époque : **le crime paie. À condition d'être assez riche.**

Note de l'auteur :

Depuis la publication de ce chapitre, plusieurs développements ont eu lieu :

- En décembre 2021, un juge fédéral a temporairement annulé l'accord Sackler, estimant que le tribunal des faillites avait outrepassé son

autorité en accordant l'immunité. Mais en mars 2022, un juge d'appel a rétabli l'accord.

- En 2023, certains États continuent de contester l'immunité devant les tribunaux.

- À ce jour, aucun membre de la famille Sackler n'a été inculpé pénalement.

La bataille juridique continue. Mais pour les 600 000 morts, il n'y aura jamais de justice.

CHAPITRE 7 DE LA PRESCRIPTION À L'HÉROÏNE : ANATOMIE D'UNE DESCENTE AUX ENFERS

Parcours croisés de victimes

Portsmouth, Ohio, 6 mars 2018, 14h37

Emily Morrison ajuste l'objectif de son appareil photo. Le cadrage est parfait : le canapé gris du salon, la lumière naturelle de la fenêtre, la table basse où sont posées une dizaine de flacons de médicaments vides.

« Vous êtes sûre ? » je lui demande une dernière fois.

Elle hoche la tête. Ses mains tremblent légèrement, elles tremblent toujours, me dit-elle, depuis qu'elle a commencé le sevrage.

« Je veux que les gens voient. Que les gens sachent. Je ne suis pas... je n'étais pas censée devenir ça. »

Emily a 34 ans. Avant, elle était infirmière pédiatrique. Mariée. Mère de deux enfants. Propriétaire d'une jolie maison avec jardin dans ce quartier résidentiel de Portsmouth.

Aujourd'hui, elle vit dans un studio de 25 m^2, ses enfants sont en garde chez son ex-mari, et elle vient de terminer son quatrième séjour en centre de désintoxication.

Elle s'assoit sur le canapé. Prend une profonde inspiration. Et commence à raconter.

« Tout a commencé par une dent de sagesse. »

C'est le 14 septembre 2012. Emily, 28 ans, se fait retirer une dent de sagesse incluse. Une intervention de routine. Son dentiste lui prescrit

30 comprimés d'Oxycodone 5 mg. « Pour la douleur. Un toutes les quatre heures si nécessaire. »

Elle en prend deux le premier jour. Un le deuxième. Le troisième jour, la douleur dentaire a disparu.

Mais elle continue à en prendre.

« Ce n'était pas pour la dent », me dit-elle, les yeux dans le vague. « C'était... autre chose. Quand je prenais la pilule, tout devenait... doux. Le stress du travail, les disputes avec mon mari, les factures, tout ça s'estompait. Je me sentais bien. Vraiment bien. Pour la première fois depuis des années. »

Elle termine les 30 comprimés en dix jours.

Quand elle retourne voir son dentiste pour demander une nouvelle prescription, il refuse. « Vous n'avez plus mal, dit-il. Vous n'en avez plus besoin. »

Alors elle appelle son médecin généraliste. Se plaint de maux de dos chroniques (elle n'a pas mal au dos). Il lui prescrit 20 comprimés d'hydrocodone.

« C'était facile. Tellement facile. »

En six mois, Emily a accumulé des prescriptions de trois médecins différents. Elle a découvert le « doctor shopping », consulter plusieurs praticiens pour obtenir plusieurs ordonnances.

En 2013, elle prend 80 mg d'oxycodone par jour. Soit seize fois la dose initiale prescrite.

« Je fonctionnais encore. J'allais au travail. Je m'occupais de mes enfants. Personne ne savait. Ou du moins, personne ne disait rien. »

Mais en 2014, les régulations se durcissent. Les registres de prescriptions deviennent obligatoires dans l'Ohio. Les médecins commencent à vérifier. Emily se fait refuser une prescription.

« J'ai paniqué. Pour la première fois, j'ai réalisé que j'étais dépendante. Vraiment dépendante. Parce que six heures après ma dernière pilule, j'ai commencé à me sentir... malade. »

Le sevrage commence.

Sueurs. Tremblements. Nausées. Crampes. Anxiété insupportable. Comme une grippe multipliée par mille.

« J'avais l'impression que j'allais mourir. Vraiment. Je ne pouvais pas bouger. Je ne pouvais pas réfléchir. Juste souffrir. »

Elle tient deux jours. Puis elle craque.

Une collègue infirmière, elle aussi accro, lui donne un contact. Un numéro de téléphone. « Il vend des pilules. Pas de prescription nécessaire. »

Emily entre dans le marché noir.

« Les pilules coûtaient 30 dollars pièce. J'en prenais six par jour. Faites le calcul. »

180 dollars par jour. 5 400 dollars par mois.

Son salaire d'infirmière : 3 800 dollars par mois après impôts.

« J'ai commencé à vider nos économies. Puis à emprunter. Puis à voler dans le porte-monnaie de mon mari. Puis... »

Elle s'arrête. Les larmes coulent.

« Puis j'ai volé des médicaments à l'hôpital. Dans le chariot des opioïdes. Je remplaçais les vraies pilules par de l'ibuprofène. Les patients en post-op ne recevaient pas leur anti-douleur. À cause de moi. »

Elle est découverte en janvier 2015. Licenciée immédiatement. License d'infirmière révoquée.

Son mari découvre tout. Divorce. Garde des enfants.

En six mois, Emily a tout perdu.

Mais pas son addiction.

« Les pilules coûtaient trop cher. Je ne pouvais plus suivre. Alors mon dealer m'a proposé quelque chose de moins cher. »

L'héroïne.

« Il m'a dit : 'C'est la même chose. Juste moins cher. Et plus fort.' »

30 dollars la pilule. 10 dollars le sachet d'héroïne.

Le choix était simple.

« La première fois que j'ai sniffé de l'héro, j'ai vomi pendant dix minutes. Mais après... c'était comme retrouver un vieil ami. Le même effet. La même douceur. »

Emily Morrison, infirmière diplômée, mère de famille, citoyenne respectée, était devenue héroïnomane.

Tout ça avait commencé par une dent de sagesse.

Les dix

Pendant deux ans, entre 2017 et 2019, j'ai suivi le parcours de dix patients devenus dépendants aux opioïdes puis à l'héroïne.

Dix personnes. Dix vies. Dix descentes aux enfers.

Je les ai interviewés pendant des heures, parfois des dizaines d'heures. J'ai rencontré leurs familles. Consulté leurs dossiers médicaux (avec leur autorisation). Documenté chaque étape de leur chute.

Voici leurs profils au moment de la première prescription :

1. Emily Morrison

28 ans, infirmière, Portsmouth OH

Prescription initiale : extraction dentaire

Opioïde : Oxycodone 5mg, 30 comprimés

2. Marcus Thompson

42 ans, électricien, Huntington WV

Prescription initiale : hernie discale (accident de travail)

Opioïde : OxyContin 40mg, 60 comprimés

3. Sarah Chen

31 ans, professeure de lycée, Columbus OH

Prescription initiale : césarienne

Opioïde : Percocet 10mg, 40 comprimés

4. David Kowalski

54 ans, vétéran (Marines), Charleston WV

Prescription initiale : blessure de guerre (Afghanistan), PTSD

Opioïde : Fentanyl patch 75µg + Oxycodone

5. Jessica Rayburn

24 ans, vendeuse, Ashland KY

Prescription initiale : accident de voiture

Opioïde : Hydrocodone 10mg, 90 comprimés

6. Robert "Bobby" Hayes

37 ans, menuisier, Ironton OH

Prescription initiale : blessure à la main (scie circulaire)

Opioïde : Tramadol puis OxyContin

7. Linda Patterson

46 ans, comptable, Parkersburg WV

Prescription initiale : fibromyalgie

Opioïde : Oxycodone à libération prolongée

8. Tyler Brennan

19 ans, étudiant, Morgantown WV

Prescription initiale : déchirure ligamentaire (football)

Opioïde : Vicodin 7.5mg, 30 comprimés

9. Angela Rodriguez

39 ans, aide-soignante, Wheeling WV

Prescription initiale : migraines chroniques

Opioïde : Percocet 5mg

10. Michael Sutton

51 ans, agent d'assurance, Portsmouth OH

Prescription initiale : opération du genou

Opioïde : OxyContin 20mg, 60 comprimés

Regardez ces profils.

Ce ne sont pas des marginaux. Pas des "junkies" stéréotypés. Ce sont des Américains ordinaires. Votre voisin. Votre collègue. Votre sœur. Vous.

Infirmière. Électricien. Professeure. Vétéran. Étudiante. Comptable.

Des gens qui travaillaient. Qui payaient leurs impôts. Qui avaient des familles, des projets, des vies normales.

Et tous ont basculé à partir d'une prescription médicale **légitime**.

Aucun n'avait d'antécédent de toxicomanie. Aucun ne cherchait à se droguer. Ils cherchaient juste à soulager une douleur réelle.

« C'est ça qui est terrifiant », me dit le Dr Anna Lembke, psychiatre à Stanford spécialisée dans l'addiction. « On pourrait penser qu'il y a un profil type de la personne à risque. Mais la vérité, c'est que n'importe qui peut tomber. Les opioïdes ne discriminent pas. »

La science de la prison : comment le cerveau devient captif

Pour comprendre comment une prescription devient une addiction, il faut comprendre ce qui se passe dans le cerveau.

J'ai passé une journée entière au laboratoire de neurosciences de l'Université Johns Hopkins avec le Dr Solomon Snyder, pionnier de la recherche sur les récepteurs opioïdes.

Avec des schémas, des IRM, et une patience infinie, il m'explique le processus.

Étape 1 : L'inondation de dopamine

Quand vous prenez de l'oxycodone, la molécule voyage dans votre sang jusqu'à votre cerveau. Là, elle se fixe sur des récepteurs spécifiques appelés « récepteurs mu-opioïdes ».

Ces récepteurs existent naturellement. Votre corps produit ses propres opioïdes (endorphines) pour gérer la douleur et le plaisir. Mais les opioïdes synthétiques sont des centaines de fois plus puissants.

Quand l'oxycodone se fixe sur ces récepteurs, elle déclenche une cascade d'événements. Le résultat : votre cerveau est inondé de dopamine, le neurotransmetteur du plaisir.

« C'est une inondation comme votre cerveau n'en a jamais connue naturellement », explique le Dr Snyder. « Même les expériences les plus plaisantes, sexe, nourriture délicieuse, victoire sportive, ne produisent qu'une fraction de cette dopamine. Les opioïdes créent un plaisir supranormal. »

Étape 2 : La neuroadaptation

Mais votre cerveau est intelligent. Il détecte ce déséquilibre.

« Le cerveau interprète cette inondation de dopamine comme anormale, dangereuse même », poursuit le Dr Snyder. « Alors il s'adapte. Il réduit le nombre de récepteurs. Il diminue sa propre production d'endorphines. Il tente de retrouver l'équilibre. »

C'est la neuroadaptation. Et c'est le début du piège.

Après quelques semaines de prise régulière d'opioïdes, votre cerveau s'est *recâblé*. Il fonctionne maintenant en supposant que l'opioïde externe sera présent.

Résultat : la même dose ne produit plus le même effet. Vous avez développé une **tolérance**.

« Pour Sarah, c'est arrivé trois semaines après sa césarienne », me raconte Sarah Chen, la professeure de lycée.

« Au début, un comprimé de Percocet me faisait sentir merveilleusement bien. Détente totale. Après trois semaines, un comprimé ne faisait presque rien. Alors j'en prenais deux. Puis trois. »

En deux mois, Sarah est passée de 10 mg par jour à 60 mg.

« Je ne cherchais pas à être 'high'. Je cherchais juste à me sentir normale. »

Étape 3 : La dépendance physique

La tolérance mène à la dépendance.

Maintenant, votre cerveau *nécessite* l'opioïde pour fonctionner normalement. Sans lui, c'est le chaos neurochimique.

« Imaginez que votre cerveau est une voiture », métaphorise le Dr Snyder. « Normalement, il roule sur son propre carburant, les endorphines. Mais après des semaines d'opioïdes, vous avez vidangé le réservoir d'endorphines et rempli avec du carburant externe, l'oxycodone. Si vous retirez ce carburant externe brutalement, la voiture s'arrête. Pire : elle se démantibule. »

C'est le **sevrage**.

L'enfer du sevrage : "Comme si on vous arrachait la peau"

Tous mes dix patients décrivent le sevrage avec le même mot : **insupportable**.

Marcus Thompson, l'électricien de 42 ans :

« J'ai fait deux tours en Afghanistan. J'ai vu des potes sauter sur des IED. J'ai vécu des choses dures. Mais le sevrage d'oxy ? C'était pire. Je ne savais pas qu'on pouvait souffrir autant sans mourir. »

Les symptômes du sevrage aux opioïdes apparaissent 6 à 12 heures après la dernière dose :

Physiques :

- Sueurs abondantes
- Frissons incontrôlables (d'où l'expression "cold turkey" , dinde froide)
- Diarrhées violentes
- Vomissements
- Crampes musculaires et osseuses (décrit comme "des os qui se brisent de l'intérieur")
- Douleurs généralisées
- Pupilles dilatées
- Rythme cardiaque élevé
- Insomnie totale

Psychologiques :

- Anxiété extrême, attaques de panique
- Dépression profonde
- Agitation incontrôlable
- Irritabilité
- Dysphorie (incapacité à ressentir du plaisir)

Le pic arrive entre 48 et 72 heures. Et ça dure 7 à 10 jours.

« Le pire, c'est que vous *savez* comment arrêter la souffrance », me dit Jessica Rayburn, la jeune vendeuse de 24 ans. « Une seule pilule, et tout s'arrête instantanément. C'est comme si quelqu'un vous torturait, mais vous tenait la clé de votre cellule juste hors de portée. »

Le sevrage n'est généralement pas mortel (sauf cas extrêmes avec d'autres complications). Mais il est si intensément douloureux que très peu de personnes peuvent le supporter sans aide médicale.

Tyler Brennan, l'étudiant de 19 ans :

« J'ai essayé d'arrêter seul six fois. Six fois j'ai tenu moins de 48 heures. La sixième fois, j'ai littéralement rampé jusqu'à mon dealer en pleurant. Je l'ai supplié. J'étais prêt à faire n'importe quoi. N'importe quoi pour que ça s'arrête. »

Le syndrome post-sevrage aigu (PAWS)

Mais même après les 10 jours de sevrage aigu, ce n'est pas fini.

Pendant des mois, parfois des années, les anciens utilisateurs souffrent de PAWS, Post-Acute Withdrawal Syndrome.

Symptômes :

- Incapacité à ressentir du plaisir (anhédonie)
- Fatigue chronique
- Troubles du sommeil
- Anxiété résiduelle
- Difficultés de concentration
- Hypersensibilité au stress

« Votre cerveau a été tellement habitué à recevoir des opioïdes que même après le sevrage, il ne fonctionne plus correctement », explique le Dr Lembke. « Il faut des mois pour que la production naturelle d'endorphines se rétablisse. Pendant tout ce temps, la vie semble grise, vide. »

Angela Rodriguez, l'aide-soignante :

« Six mois après mon sevrage, j'étais clean. Je n'avais pas touché une pilule. Mais je ne ressentais rien. Je jouais avec mes enfants, rien.

Je regardais un coucher de soleil, rien. C'était comme vivre en noir et blanc. J'ai pensé au suicide presque chaque jour. »

C'est pendant cette période de PAWS que le risque de rechute est le plus élevé.

Parce que les patients savent, leur cerveau se *souvient*, qu'une seule dose ramènera instantanément les couleurs, le plaisir, le soulagement.

« C'est une tentation permanente », dit Linda Patterson, la comptable de 46 ans. « Chaque jour était un combat. Chaque heure. Pendant des mois. »

Le moment bascule : quand la médecine devient criminalité

Pour chacun de mes dix patients, il y a eu un moment précis. Un instant de bascule. Où la frontière entre patient et toxicomane s'est effacée.

Marcus Thompson, 18 juin 2014

Marcus, l'électricien, a été blessé au dos sur un chantier en 2012. Hernie discale. Son médecin lui prescrit de l'OxyContin.

Pendant deux ans, il fonctionne avec des prescriptions légales. Mais en juin 2014, après avoir épuisé sa quatrième prescription du mois, son médecin refuse de renouveler.

« Il m'a dit que je prenais trop. Que je devais consulter un spécialiste de la douleur, faire de la kiné, essayer d'autres approches. »

Marcus a rendez-vous avec le spécialiste dans trois semaines.

« Trois semaines. J'ai paniqué. Je savais ce qui m'attendait si j'arrêtais. Alors j'ai appelé un pote de chantier. Je savais qu'il avait aussi des prescriptions. Je lui ai acheté ses pilules. 25 dollars pièce. »

C'est à ce moment, l'achat de pilules à un ami, que Marcus est devenu un criminel selon la loi fédérale.

« Je n'avais pas l'impression de faire quelque chose de mal. J'avais mal au dos. J'avais *besoin* de ces pilules. C'était médical. »

Mais la loi ne voit pas les choses ainsi. Achat d'opioïdes sans prescription = délit fédéral, passible de prison.

Sarah Chen, 3 novembre 2013

Sarah, la professeure, a eu sa césarienne en septembre 2013. Prescription de Percocet pour 30 jours.

Mais après 30 jours, elle n'arrive pas à arrêter.

« Mon médecin a refusé de renouveler. J'ai pleuré dans son cabinet. Je lui ai dit que j'avais encore mal. Ce qui était vrai, j'avais mal partout, mais c'était le sevrage, pas la césarienne. »

Il reste inflexible.

Sarah rentre chez elle. Elle fouille dans l'armoire à pharmacie. Trouve une vieille prescription d'hydrocodone de son mari (blessure sportive de l'année précédente). Il reste 12 comprimés.

Elle les prend.

« C'est là que j'ai su que j'avais un problème. J'ai volé les médicaments de mon mari. J'ai *volé*. Moi qui n'avais jamais rien volé de ma vie. »

Tyler Brennan, 7 mars 2015

Tyler, l'étudiant footballeur, s'est déchiré les ligaments en octobre 2014. Prescription de Vicodin.

En mars 2015, il n'a plus de prescription légitime. Mais il a toujours besoin de pilules.

« Il y avait un gars sur le campus. Tout le monde savait. Il vendait des Adderall pour les examens, de la weed, et des opios. »

Tyler le contacte via Snapchat.

Rendez-vous derrière la bibliothèque universitaire. 30 dollars pour un Oxy 30 mg.

« J'ai acheté cinq pilules. Je me souviens que mes mains tremblaient en sortant les billets de mon portefeuille. J'achetais de la drogue. *De la drogue*. Moi qui avais toujours été clean, qui jugeais les gens qui fumaient de la weed. »

Le dealer lui dit : « Si t'en veux plus, j'ai quelque chose de moins cher. »

Six mois plus tard, Tyler sniffait de l'héroïne dans les toilettes de son dortoir.

Le marché noir : quand les prescriptions ne suffisent plus

La transition vers le marché noir suit un schéma remarquablement similaire pour tous mes patients.

Phase 1 : Le "doctor shopping"

D'abord, ils essaient d'obtenir des prescriptions légitimes de plusieurs médecins.

Mais avec l'instauration des registres de prescriptions électroniques dans la plupart des États après 2012, cette méthode devient de plus en plus difficile.

Phase 2 : Les "pill mills"

Ensuite, ils découvrent les « pill mills », cliniques véreuses où des médecins peu scrupuleux vendent essentiellement des prescriptions.

« Il y avait une clinique à Huntington », me raconte Bobby Hayes, le menuisier. « Tout le monde savait. Tu payais 200 dollars en liquide pour une 'consultation'. Le doc te voyait 90 secondes. Prescription de 120 Oxys. »

Mais à partir de 2014-2015, les États commencent à fermer ces cliniques. Les arrestations se multiplient.

Phase 3 : Le marché noir de rue

Alors les patients se tournent vers le marché noir pur.

Des dealers qui vendent des pilules volées, détournées d'hôpitaux, ou achetées en gros à des prescripteurs corrompus.

Les prix explosent.

Jessica Rayburn me montre un carnet où elle notait méticuleusement ses dépenses :

2014 : Oxy 30mg = 15-20 $ pièce

2015 : Oxy 30mg = 25-30 $ pièce

2016 : Oxy 30mg = 35-40 $ pièce

« En 2016, ma consommation était de six pilules par jour. Six fois 35 dollars. 210 dollars par jour. Plus de 6 000 dollars par mois. »

Jessica gagnait 1 800 dollars par mois comme vendeuse.

« J'ai perdu mon appartement. J'ai vidé mon compte. J'ai emprunté à ma famille jusqu'à ce qu'ils refusent. Puis j'ai commencé à voler. »

Le vol

Sept de mes dix patients ont fini par voler pour financer leur addiction.

Vols dans les magasins. Vols chez des proches. Vols au travail.

Emily, l'infirmière, a volé des opioïdes à l'hôpital.

Bobby, le menuisier, volait des outils sur les chantiers pour les revendre.

Linda, la comptable, a détourné 23 000 dollars de son employeur sur une période de huit mois.

« Je n'étais plus moi-même », dit Linda, le visage ravagé par la honte. « J'étais une personne honnête. Toute ma vie. Puis en quelques mois, je suis devenue une voleuse. Une criminelle. »

Tyler, l'étudiant, a volé la carte de crédit de sa mère.

« J'ai dépensé 4 700 dollars en deux semaines. Elle a pleuré quand elle a découvert. Elle m'a dit : 'C'était pour ton université.' J'ai pleuré avec elle. Mais ça ne m'a pas empêché de continuer. »

La prostitution

Trois de mes patientes féminines, Emily, Jessica et Angela, ont fini par échanger des actes sexuels contre des pilules ou de l'argent.

« Mon dealer me proposait : 'Tu me suces, je te donne deux pilules.' » Jessica détourne le regard. « Les deux premières fois, j'ai dit non. La troisième fois... j'étais tellement malade du sevrage. J'ai dit oui. »

Silence.

« Après, j'ai vomi. Pas à cause de l'acte lui-même. Mais à cause de ce que j'étais devenue. »

Angela, 39 ans, mère de trois enfants :

« J'ai fait une chose... » Elle s'arrête. Reprend sa respiration. « J'ai couché avec le dealer de mon dealer pour obtenir un rabais. Pendant que mes enfants dormaient à l'étage du dessus. »

Elle pleure.

« Comment est-ce que j'ai pu en arriver là ? »

Le passage à l'héroïne : l'économie du désespoir

La transition des pilules à l'héroïne n'est pas un choix moral. C'est un choix économique.

L'arithmétique de la survie

En 2016, pour un utilisateur d'opioïdes dépendant physiquement, les options sont :

Option A : Pilules d'oxycodone

- Prix : 30-40 $ par comprimé de 30 mg
- Besoin quotidien moyen : 120-180 mg (4-6 comprimés)
- Coût quotidien : 120-240 $
- Coût mensuel : 3 600 à 7 200 $

Option B : Héroïne

- Prix : 10-15 $ par sachet (0,1 g)
- Besoin quotidien moyen : 0,3-0,5 g (3-5 sachets)
- Coût quotidien : 30-75 $
- Coût mensuel : 900 à 2 250 $

L'héroïne est **trois à quatre fois moins chère** que les pilules pour le même effet.

« Le dealer m'a littéralement fait un pitch commercial », raconte Marcus. « Il m'a dit : 'Écoute, tu dépenses 200 balles par jour en oxys. Je peux te vendre de l'héro pour 50 balles par jour, même effet, même défonce. C'est juste des maths.' »

Et il avait raison. Chimiquement, l'héroïne et l'oxycodone agissent sur les mêmes récepteurs cérébraux. L'effet est presque identique.

« La différence entre oxycodone et héroïne est en grande partie une construction sociale », m'explique le Dr Lembke. « Médicalement, ce sont toutes deux des opioïdes puissants. Mais l'un vient dans un flacon avec une étiquette, l'autre dans un sachet plastique. L'un est associé aux médecins, l'autre aux ruelles. Mais pour le cerveau ? C'est la même chose. »

"Je n'avais jamais pensé devenir héroïnomane"

Tous mes patients ont résisté initialement.

« L'héroïne, c'était pour les junkies », dit Sarah. « Pas pour des gens comme moi. J'étais prof. J'avais un master. »

Mais la logique économique finit toujours par l'emporter.

Bobby Hayes a tenu trois mois après que son dealer lui ait proposé de l'héroïne.

« Je me disais : jamais. Jamais je ne toucherai à ça. »

Puis il a perdu son emploi (à cause des vols). Plus de revenus. Mais l'addiction, elle, ne disparaît pas.

« J'avais le choix : sevrage insupportable, ou héroïne. »

Il a choisi l'héroïne.

« La première fois, j'ai sniffé. Je me suis dit : au moins je ne l'injecte pas. Tant que je n'injecte pas, je ne suis pas vraiment un junkie. »

Six mois plus tard, il s'injectait.

« Les lignes que je m'étais fixées, je ne toucherai jamais à l'héro, je ne m'injecterai jamais, elles ont toutes disparu. L'addiction efface toutes les lignes. »

La dégradation : quand le corps se décompose

L'un des aspects les plus douloureux de mon travail sur ce chapitre a été de documenter photographiquement la décomposition physique de mes patients.

Avec leur accord, souvent leur *insistance*, j'ai pris des photos « avant/après ».

[Note : avec l'accord des familles, certaines de ces photos sont incluses dans l'édition imprimée de ce livre. Je ne les décrirai que brièvement ici.]

Jessica Rayburn

Photo 2012 (avant addiction) :

Jeune femme radieuse de 21 ans. Longs cheveux brun brillants. Sourire éclatant. Peau claire, yeux lumineux. Photo de remise de diplôme.

Photo 2017 (5 ans d'addiction) :

Presque méconnaissable. Cheveux rares, ternes, cassants. Peau grêlée de marques d'injection, plaies infectées sur les bras. Dents manquantes (l'usage d'opioïdes cause souvent des maladies dentaires sévères). Yeux enfoncés, cernés. Perte de 20 kg. Elle paraît 45 ans. Elle a 26 ans.

« Quand je me regarde dans le miroir, je ne me reconnais pas », me dit Jessica. « C'est comme si quelqu'un d'autre avait volé mon corps. »

Marcus Thompson

Photo 2012 :

Homme robuste de 42 ans. Muscles développés (travail physique). Posant fièrement devant sa camionnette de travail.

Photo 2018 :

Maigreur squelettique. Bras couverts d'abcès et de tissus cicatriciels. Trois doigts de la main gauche partiellement amputés (infection due à une injection dans une veine de la main qui s'est nécrosée). Regard vide.

« Je pesais 95 kilos de muscle. Aujourd'hui, 62 kilos. Je ne peux même plus soulever une boîte à outils. »

Tyler Brennan

Photo 2014 :

Étudiant athlétique de 19 ans. Uniforme de football. Physique de joueur de ligne défensive, 105 kg de muscles.

Photo 2017 :

Cheveux en désordre, barbe hirsute. Yeux rouges, pupilles en pointe d'épingle. Maigreur. Peau jaunâtre (hépatite C, contractée via des seringues partagées). 71 kg.

Sa mère, que j'ai interviewée, m'a montré une troisième photo : Tyler à 8 ans, en uniforme de Little League, sourire édenté, tenant fièrement son trophée.

« C'était mon petit garçon », sanglote-t-elle. « Et je l'ai regardé se détruire sans pouvoir rien faire. »

Les dommages collatéraux : familles détruites

L'addiction ne détruit pas seulement l'utilisateur. Elle dévaste tout autour.

Les enfants

Emily Morrison a perdu la garde de ses deux enfants : Lily, 8 ans, et Jacob, 6 ans.

« Le jour où les services sociaux sont venus les chercher... »

Elle ne peut pas finir sa phrase. Elle pleure pendant cinq minutes avant de pouvoir continuer.

« Lily m'a demandé : 'Maman, pourquoi tu ne veux plus de nous ?' Elle pensait que je les abandonnais. Elle avait huit ans. »

Emily n'a pas vu ses enfants pendant deux ans. Maintenant, après trois séjours en cure et dix-huit mois de sobriété, elle a droit à des visites supervisées une fois par mois.

« Jacob ne m'appelle plus maman. Il m'appelle Emily. Comme si j'étais une étrangère. »

Angela Rodriguez, l'aide-soignante, a gardé ses enfants. Mais le prix a été terrible.

« Pendant des mois, je préférais la drogue à mes enfants. Je le savais. Eux le savaient. »

Son fils aîné, 14 ans, l'a trouvée inconsciente après une overdose.

« Il a appelé le 911. Il m'a sauvé la vie. À 14 ans. Aucun enfant ne devrait avoir à faire ça. »

Aujourd'hui, sobre depuis huit mois, Angela essaie de reconstruire.

« Mais la confiance... mes enfants ne me font plus confiance. Mon fils vérifie mes bras pour chercher des marques d'injection. Ma fille fouille ma chambre pour voir si je cache des pilules. Ils ont 14 et 11 ans. Ils sont devenus les parents. Et je suis l'enfant qu'il faut surveiller. »

Les divorces

Sept de mes dix patients ont divorcé pendant ou à cause de leur addiction.

Sarah Chen :

« Mon mari a essayé. Il a vraiment essayé. Mais après que j'ai volé son portefeuille pour la troisième fois, après avoir trouvé des seringues cachées dans le garage, après m'avoir trouvée inconsciente dans la salle de bain... il a craqué. »

Elle me montre les papiers du divorce. Dans la section "motif", son ex-mari a écrit : *« Addiction aux substances contrôlées rendant le maintien du mariage impossible. »*

« Dix ans de mariage. Réduits à une ligne administrative. »

Michael Sutton, l'agent d'assurance de 51 ans :

« Ma femme m'a dit : 'C'est moi ou les pilules.' Elle pensait que ça me ferait un déclic. Que je choisirais ma famille. »

Silence.

« J'ai choisi les pilules. »

La spirale finale : sans-abris, prison, mort

Sans-abris

Quatre de mes dix patients se sont retrouvés sans domicile fixe à un moment de leur parcours.

Marcus Thompson a vécu dans sa camionnette pendant huit mois, puis sous un pont quand la camionnette a été saisie.

« L'hiver 2016. Il faisait moins 15. Je dormais sous le pont de la 6e rue à Huntington avec six autres junkies. On se serrait les uns contre les autres pour pas mourir gelés. »

Bobby Hayes a dormi dans les bois pendant quatre mois.

« Il y avait un campement. On était une quinzaine. Des tentes de fortune. On se shootait ensemble. On partageait nos seringues. On volait ensemble pour se payer notre came. »

C'est là qu'il a contracté l'hépatite C et le VIH.

« Je savais que les seringues étaient sales. Mais quand tu es en manque, tu t'en fous. Tu veux juste que la douleur s'arrête. »

Prison

Six de mes dix patients ont fait de la prison.

Linda Patterson, la comptable qui a détourné 23 000 dollars : 18 mois de prison fédérale.

« En prison, pas d'opioïdes. Sevrage forcé. J'ai vomi pendant trois jours d'affilée. J'ai supplié l'infirmerie de me donner quelque chose. Ils m'ont donné de l'ibuprofène. »

Tyler Brennan : arrestation pour possession. Six mois dans une prison du comté.

« C'est là que j'ai vraiment appris à être un criminel. En prison, tu rencontres des vrais dealers, des vrais trafiquants. J'ai tissé des contacts. Quand je suis sorti, je savais exactement où trouver de l'héro, comment la couper, comment la revendre. »

La prison, censée être une solution, devient souvent une école du crime.

« Le problème, c'est qu'on traite l'addiction comme un crime », analyse le Dr Lembke. « On met les gens en prison. Mais l'addiction est une maladie. Vous ne mettriez pas un diabétique en prison parce qu'il a fait un coma hyperglycémique. Mais un héroïnomane ? On l'enferme. Et on s'étonne qu'il récidive. »

Overdoses

Huit de mes dix patients ont fait au moins une overdose.

Sarah Chen : deux overdoses. La première en 2015 (sauvée par son mari). La deuxième en 2016 (sauvée par la Narcan administrée par les ambulanciers).

« Quand je me suis réveillée à l'hôpital après la deuxième, j'ai été... déçue. J'aurais préféré mourir. »

Tyler Brennan : trois overdoses. La troisième aurait dû être fatale.

« C'était de l'héro coupée au fentanyl. Dix fois plus puissant. J'ai injecté ma dose habituelle. Mon cœur s'est arrêté. »

Il a été réanimé in extremis par des ambulanciers.

« Ils m'ont dit que j'étais mort pendant 90 secondes. Cliniquement mort. »

Trois semaines plus tard, il s'est à nouveau injecté.

« Je savais que ça pouvait me tuer. Mais je m'en foutais. Quand tu es accro, la mort n'est pas une menace. Parfois, c'est presque un soulagement. »

Décès

Pendant les deux années de mon étude, deux de mes dix patients sont morts.

David Kowalski, le vétéran de 54 ans, est décédé d'une overdose de fentanyl le 23 août 2018.

Je l'avais interviewé trois semaines avant sa mort. Il m'avait dit qu'il essayait d'arrêter.

« Je suis fatigué. Tellement fatigué. Je veux juste... arrêter. »

J'ai assisté à ses funérailles. Cercueil drapé du drapeau américain. Salve d'honneur militaire. Vingt personnes présentes.

Un vétéran qui avait survécu à l'Afghanistan, tué par un médicament prescrit par son propre gouvernement.

Robert "Bobby" Hayes, le menuisier de 37 ans, est mort le 4 janvier 2019. Pas d'overdose. Endocardite, infection du cœur causée par des injections répétées avec des seringues sales.

Sa sœur m'a appelé pour me l'annoncer.

« Il a souffert pendant trois semaines. Le cœur complètement infecté. À la fin, il pouvait à peine respirer. »

Elle pleurait.

« La dernière chose qu'il m'a dite, c'est : 'Dis aux gens ce qui m'est arrivé. Dis-leur que ça a commencé par un médecin. Que je n'étais pas un mauvais gars.' »

Aux funérailles, j'ai rencontré sa mère. Femme âgée, courbée par le chagrin.

« Il avait 37 ans. Mon bébé. »

Elle m'a montré une photo de Bobby à 7 ans, en tenue de baseball, sourire édenté.

« Il voulait devenir architecte. »

Les survivants : le combat quotidien de la sobriété

Des huit survivants de mon étude, six sont aujourd'hui en rétablissement. Deux sont encore actifs dans leur addiction.

La sobriété n'est pas un événement. C'est un combat quotidien.

Emily Morrison : 22 mois de sobriété

Après quatre cures de désintoxication, Emily est sobre depuis presque deux ans. Elle suit un traitement de substitution à la méthadone et assiste à des réunions de Narcotiques Anonymes quatre fois par semaine.

« Chaque jour, je me réveille et je dois faire le choix de ne pas utiliser. Chaque. Jour. »

Elle travaille maintenant comme serveuse. Son rêve de redevenir infirmière est mort avec sa licence révoquée.

« J'ai tout perdu. Ma carrière. Mon mariage. Mes enfants pendant deux ans. Ma dignité. »

Mais elle reconstruit. Lentement.

« J'ai des visites supervisées avec Lily et Jacob maintenant. Une fois par mois. C'est pas grand-chose. Mais c'est mieux que rien. »

Marcus Thompson : 6 mois de sobriété

Marcus a tenté le sevrage sept fois avant de réussir. Il est actuellement en traitement à la buprénorphine (Suboxone).

« Les gens disent que le Suboxone, c'est juste remplacer une drogue par une autre. Mais vous savez quoi ? Je m'en fous. Le Suboxone me permet de fonctionner. De ne pas être malade. De ne pas voler. De ne pas me détruire. »

Il vit dans un foyer de transition. Travaille à temps partiel dans une laverie automatique.

« C'est pas glamour. Mais je suis vivant. Et je suis clean. »

Sarah Chen : 14 mois de sobriété

Sarah a perdu son poste de professeure, mais a retrouvé un emploi comme tutrice privée.

« Je ne retoucherai jamais à un opioïde. Jamais. Même si j'ai mal. Même si un médecin me prescrit. Je préfère souffrir. »

Elle a regagné la garde partagée de ses enfants.

« Mon fils m'a dit récemment : 'Maman, tu es redevenue comme avant.' Ça m'a fait pleurer. Parce que je ne serai jamais vraiment comme avant. Cette partie de moi est morte. Mais peut-être que je peux devenir quelqu'un de nouveau. »

Les rechutes

Mais le rétablissement n'est jamais linéaire.

Jessica Rayburn était sobre pendant 11 mois. Puis elle a rechuté en octobre 2018.

« Un mauvais jour. Une dispute avec ma mère. Un moment de faiblesse. »

Elle a appelé son ancien dealer. Une dose d'héroïne. Puis deux. Puis elle était repartie.

« En une semaine, j'étais de retour à ma consommation maximale. Comme si les 11 mois n'avaient jamais existé. »

Elle est maintenant de nouveau en cure. Sa troisième.

« Les gens pensent qu'on veut juste pas assez fort arrêter. Mais c'est pas une question de volonté. Mon cerveau est cassé. Physiquement cassé. Et il faudra peut-être des années pour qu'il se répare. Si jamais il se répare. »

Tyler Brennan a rechuté quatre fois.

« À chaque fois, je me dis : c'est la dernière. À chaque fois, je crois vraiment. Et à chaque fois, je finis par reprendre. »

Il est actuellement sobre depuis trois mois. Traitement en Suboxone. Vivant chez ses parents qui le surveillent 24/7.

« Je suis un homme de 24 ans et mes parents doivent me surveiller comme un enfant. C'est humiliant. Mais c'est ça ou mourir. »

Les chiffres qui font froid dans le dos

À la fin de mes deux années de recherche, je compile les statistiques. Pour mes dix patients :

- **10 sur 10** ont développé une addiction à partir d'une prescription médicale légitime
- **10 sur 10** sont passés au marché noir
- **9 sur 10** sont passés à l'héroïne
- **8 sur 10** ont fait au moins une overdose
- **7 sur 10** ont divorcé ou perdu leur partenaire
- **6 sur 10** ont perdu leurs enfants (temporairement ou définitivement)
- **6 sur 10** ont été emprisonnés
- **4 sur 10** se sont retrouvés sans-abri
- **2 sur 10** sont morts

Puis je place ces chiffres dans le contexte national.

Selon les données du CDC et du NIDA (National Institute on Drug Abuse), l'histoire de mes dix patients n'est pas une anomalie. C'est la norme.

À l'échelle nationale :

- **80 % des héroïnomanes américains** ont commencé par des opioïdes prescrits légalement
- **75 % des nouveaux utilisateurs d'héroïne** déclarent que leur première exposition aux opioïdes était via une prescription
- Le **risque de devenir héroïnomane** est 40 fois plus élevé chez les personnes ayant utilisé des opioïdes sur prescription que chez celles qui n'en ont jamais utilisé

En d'autres termes :

La prescription médicale est la porte d'entrée vers l'héroïne.

« C'est le pipeline », me dit le Dr Kolodny. « Prescription → addiction → marché noir → héroïne → mort. C'est devenu un schéma tellement prévisible qu'on peut presque le modéliser mathématiquement. »

Le temps de la descente

J'ai calculé le temps moyen entre chaque étape pour mes patients :

- Première prescription → Addiction reconnue : **8 mois** (moyenne)
- Addiction → Premier achat marché noir : **3 mois**
- Marché noir pilules → Première utilisation héroïne : **11 mois**
- Première héroïne → Première overdose : 7 **mois**

Total : de la prescription initiale à la première overdose : environ 29 mois.

Moins de deux ans et demi.

« C'est la vitesse qui est terrifiante », commente le Dr Lembke. « On ne parle pas de décennies d'alcoolisme. On parle de personnes qui passent de patients respectables à héroïnomanes au bord de la mort en moins de trois ans. »

Épilogue : "Nous ne sommes pas des monstres"

Le 12 avril 2019, je réunis mes huit patients survivants dans une salle communautaire de Portsmouth pour une discussion de groupe finale.

Certains ne se sont jamais rencontrés. Mais dès qu'ils commencent à parler, la connexion est immédiate. Ils partagent la même blessure.

Je leur pose une dernière question : « Que voulez-vous que les gens comprennent ? »

Emily répond en premier :

« Que nous ne sommes pas des monstres. Nous ne sommes pas faibles. Nous ne sommes pas immoraux. Nous sommes malades. Et notre maladie a commencé dans le cabinet d'un médecin. »

Marcus :

« Je veux que les gens sachent que ça peut arriver à n'importe qui. Vous vous cassez une jambe demain, le médecin vous prescrit de l'oxy, et en six mois vous êtes exactement où j'étais. Personne n'est à l'abri. »

Sarah :

« Arrêtez de nous juger. Arrêtez de penser qu'on a choisi ça. Personne ne choisit de devenir héroïnomane. Personne ne se réveille un matin en se disant : tiens, aujourd'hui je vais détruire ma vie. »

Tyler :

« Je veux que les médecins qui prescrivent ces merdes voient nos visages. Qu'ils voient ce qu'ils ont causé. »

Angela :

« Nos enfants. Pensez à nos enfants. Ils n'ont pas choisi d'avoir des parents accros. Mais ils payent le prix. »

Jessica :

« Il faut changer le système. Tant qu'il sera plus facile d'obtenir de l'oxy que d'obtenir un traitement, les gens mourront. »

Linda :

« Ne détournez pas le regard. On est partout. Votre collègue. Votre voisin. Votre sœur. Regardez-nous. Aidez-nous. »

Quand la réunion se termine, ils restent ensemble, échangeant des numéros, promettant de rester en contact.

Une communauté de survivants.

En rentrant chez moi ce soir-là, je pense à une statistique que je n'ai pas incluse dans le chapitre.

Depuis 1999, **plus de 600 000 Américains** sont morts d'overdoses d'opioïdes.

600 000.

C'est plus que toutes les pertes américaines dans toutes les guerres du 20e siècle combinées.

Seconde Guerre mondiale : 405 000 morts.

Vietnam : 58 000.

Corée : 36 000.

Première Guerre mondiale : 116 000.

Total : 615 000.

La crise des opioïdes a tué presque autant d'Américains que toutes ces guerres.

Mais il n'y a pas de monuments. Pas de jour de commémoration. Pas de drapeaux en berne.

Juste 600 000 noms dans des registres de décès. 600 000 familles brisées. 600 000 histoires qui ressemblent à celles d'Emily, de Marcus, de Sarah, de Tyler.

600 000 descentes aux enfers qui ont toutes commencé de la même façon.

Par une prescription.

Note de l'auteur :

Depuis l'achèvement de cette recherche en 2019 :

- Emily Morrison est sobre depuis 3 ans. Elle a retrouvé la garde partagée de ses enfants.

- Marcus Thompson a rechuté en 2020 mais est de nouveau sobre depuis 18 mois.

- Sarah Chen est sobre depuis 4 ans et milite pour la réforme des prescriptions d'opioïdes.

- Tyler Brennan a rechuté en 2021. Il est actuellement en traitement.

- Angela Rodriguez est sobre depuis 3 ans.

- Jessica Rayburn a rechuté deux fois mais est sobre depuis 8 mois.

- Linda Patterson est sobre depuis 3 ans et travaille comme conseillère en addiction.

- Michael Sutton est décédé d'une overdose de fentanyl en août 2020.

Le combat continue.

CHAPITRE 8 LES COMPLICES SILENCIEUX : QUAND LES PHARMACIES FERMENT LES YEUX

La chaîne de la mort

Kermit, Virginie-Occidentale, Population : 392 habitants

La pharmacie Tug Valley se trouve sur la rue principale de Kermit, coincée entre un salon de coiffure abandonné et un magasin de pièces automobiles. De l'extérieur, rien ne la distingue de milliers d'autres pharmacies rurales américaines : enseigne fanée, parking en gravier, distributeur de glace devant l'entrée.

Mais entre 2006 et 2016, cette petite pharmacie dans ce minuscule village des Appalaches a reçu et distribué **9 millions de pilules d'hydrocodone**.

Neuf millions.

Pour 392 habitants.

Soit **22 959 pilules par personne**. Bébés et personnes âgées inclus.

« C'était mathématiquement impossible », me dit Jim Wooley, ancien pharmacien devenu lanceur d'alerte. « Si chaque personne à Kermit, du nouveau-né au vieillard de 90 ans, prenait six pilules d'opioïdes par jour, tous les jours, pendant dix ans, vous n'arriveriez toujours pas à neuf millions. »

Ces pilules ne restaient évidemment pas à Kermit. La pharmacie Tug Valley était devenue un supermarché de la pilule. Des gens venaient de trois États différents. Files d'attente de cinquante personnes dès l'ouverture. Parfois, les clients attendaient dans leur voiture, moteur tournant, comme dans un drive-in du trafic de drogue.

« Tout le monde savait », continue Wooley. « Les riverains savaient. La police locale savait. Le maire savait. »

Et surtout : **le distributeur savait**.

Les neuf millions de pilules livrées à la pharmacie Tug Valley provenaient d'un seul distributeur : **Miami-Luken**, une société de distribution pharmaceutique basée dans l'Ohio.

Miami-Luken savait parce que c'est eux qui envoyaient les colis. Mois après mois. Année après année. Des camions entiers de pilules vers un village de 392 âmes.

« Leur système informatique détectait l'anomalie », m'explique un ancien employé de Miami-Luken (anonymat garanti). « Il y avait des alertes automatiques. Genre : 'ATTENTION, Volume de commande anormal'. Mais on nous disait de les ignorer. »

Pourquoi ?

« Parce que chaque pilule vendue, c'était du profit. »

Entre 2006 et 2014, Miami-Luken a distribué **100 millions de doses d'opioïdes** rien qu'en Virginie-Occidentale, un État de 1,8 million d'habitants.

Les profits de l'entreprise pendant cette période : **780 millions de dollars.**

Et Miami-Luken n'était qu'un petit acteur. Un distributeur régional.

Les vrais géants, Cardinal Health, McKesson, AmerisourceBergen, opéraient à une échelle infiniment plus massive.

Bienvenue dans le ventre mou de l'épidémie : le système de distribution pharmaceutique américain.

Les trois géants : un cartel légal

Pour comprendre comment des millions d'Américains ont pu obtenir des quantités létales d'opioïdes, il faut comprendre la chaîne d'approvisionnement.

Le circuit normal :

1. Les laboratoires (Purdue, Johnson & Johnson, Endo, etc.) fabriquent les opioïdes
2. Les **distributeurs** (aussi appelés "grossistes") achètent en masse aux labos et les stockent dans d'immenses entrepôts
3. Les distributeurs livrent aux **pharmacies** (chaînes comme CVS/Walgreens, ou indépendantes)
4. Les pharmacies vendent aux patients (sur prescription médicale)

Simple. Efficace. Et en théorie, régulé.

Mais trois entreprises dominent complètement l'étape 2 , la distribution :

Cardinal Health (Ohio)

McKesson Corporation (Californie)

AmerisourceBergen (Pennsylvanie)

Ensemble, ces trois sociétés contrôlent **85 % de la distribution pharmaceutique** aux États-Unis.

Ce ne sont pas des petites entreprises. Ce sont des mastodontes.

Chiffres 2015 :

McKesson

- Revenus annuels : 181 milliards $
- 18e plus grande entreprise américaine (Fortune 500)
- 76 000 employés

Cardinal Health

- Revenus annuels : 103 milliards $
- 15e plus grande entreprise américaine
- 50 000 employés

AmerisourceBergen

- Revenus annuels : 135 milliards $
- 11e plus grande entreprise américaine
- 20 000 employés

Pour mettre ces chiffres en perspective : McKesson seul génère plus de revenus qu'Apple.

Et pendant la décennie 2006-2016, ces trois géants ont distribué **des centaines de milliards de pilules d'opioïdes** à travers les États-Unis.

« C'est eux qui ont physiquement livré la drogue », résume Joe Rannazzisi, l'ancien de la DEA que nous avons rencontré au chapitre 5. « Sans les distributeurs, pas d'épidémie. Point. »

Le système qui savait : quand les algorithmes détectent le crime

Voici ce que peu de gens comprennent : **les distributeurs savaient exactement ce qui se passait**.

Ils n'étaient pas aveugles. Ils n'étaient pas naïfs. Ils étaient parfaitement informés.

Comment ? Par leurs propres systèmes informatiques.

Les algorithmes de détection

Depuis les années 1990, les grands distributeurs utilisent des logiciels sophistiqués pour suivre les commandes. Ces systèmes sont conçus pour détecter les anomalies, les "red flags" (drapeaux rouges) qui indiquent un détournement potentiel.

Les algorithmes surveillent notamment :

- Volume inhabituel de commandes
- Augmentation soudaine des commandes
- Pharmacies commandant hors de leur zone géographique normale
- Ratios anormaux entre différents médicaments
- Pics de commandes de substances contrôlées

Quand une anomalie est détectée, le système génère une alerte. En théorie, l'alerte déclenche une enquête. Si le détournement est confirmé, la livraison est suspendue et la DEA est alertée.

En théorie.

Les documents qui condamnent

Grâce aux procès et aux fuites, j'ai obtenu des milliers de pages de documents internes des trois grands distributeurs.

Ce qu'ils révèlent est accablant.

Document 1 : Email interne McKesson, 15 mars 2008

De : Système automatisé de surveillance

À : Équipe conformité, Région Sud-Est

« ALERTE NIVEAU 3 , Pharmacie #447821 (Family Discount Pharmacy, Pembroke, Kentucky)

Population locale : 912 habitants

Commande mensuelle moyenne 2007 : 42 000 unités hydrocodone

Commande ce mois : 98 000 unités (+133%)

RECOMMANDATION : Investigation immédiate + suspension temporaire »

Réponse du responsable conformité :

« Commande approuvée. Pharmacie cliente depuis 8 ans. Pas de suspension. »

Aucune investigation. Aucune question. Les 98 000 pilules sont livrées.

Trois ans plus tard, le propriétaire de Family Discount Pharmacy sera arrêté pour trafic de substances contrôlées. Son « commerce » alimentait un réseau de revente dans trois États.

Document 2 : Rapport interne Cardinal Health, 2010

Un audit interne examine les pharmacies clientes dans les Appalaches.

Extrait :

« Sur 52 pharmacies analysées en Virginie-Occidentale :

- 41 présentent des volumes de commande incompatibles avec la population locale

- 27 montrent des schémas de commande correspondant à des 'pill mills'

- 18 ont été identifiées dans des rapports de police locale

RECOMMANDATIONS :

Option A : Suspension immédiate des 27 pharmacies suspectes

Option B : Investigation approfondie cas par cas

Option C : Monitoring renforcé + augmentation progressive des seuils d'alerte »

Option choisie par la direction : **Option C**.

Autrement dit : on surveille, mais on continue à livrer. Et on augmente les seuils d'alerte pour qu'elles se déclenchent moins souvent.

« C'est criminel », s'indigne Paul Hanly, avocat représentant des municipalités dans les procès contre les distributeurs. « Ils avaient les données. Ils avaient les preuves. Et ils ont délibérément choisi de continuer. »

Document 3 : Présentation PowerPoint AmerisourceBergen, juillet 2012

Une présentation interne destinée aux cadres dirigeants.

Slide 14, « Opportunités de croissance, Région Appalaches »

« Marché opioïdes région Appalaches :

- Croissance +340% depuis 2005

- Revenus générés : 1,2 milliard $/an

- Projection 2015 : 1,8 milliard $

DÉFIS :

- Pression réglementaire accrue (DEA)

- Publicité négative médias

- Risque litigieux

STRATÉGIE :

- Maintenir volumes actuels

- Renforcer documentation conformité (protection légale)

- Lobbying proactif pour contrer nouvelles régulations »

Il n'y a aucune mention des overdoses. Aucune mention des communautés dévastées. Juste des "opportunités de croissance" et des "défis », le défi étant la DEA qui essaie de les arrêter.

« Quand je lis ces documents, je vois des gens pour qui des êtres humains ne sont que des lignes dans un tableur Excel », me dit Maura

Healey, procureure générale du Massachusetts. « Ils parlent de l'Apocalypse des opioïdes comme d'une 'opportunité de croissance'. C'est sociopathique. »

Inside job : témoignages de lanceurs d'alerte

Mais ce sont les témoignages humains, les employés qui ont vu de l'intérieur, qui révèlent le mieux la mécanique de la complicité.

Jim Wooley, Ancien pharmacien, puis responsable conformité chez Cardinal Health (2004-2012)

Je rencontre Jim dans un café de Columbus, Ohio. Homme de 58 ans, cheveux grisonnants, regard fatigué. Il a accepté de témoigner publiquement en 2016, risquant sa carrière et sa réputation.

« J'ai été embauché chez Cardinal en 2004 comme responsable de conformité pour la région Centre-Est », commence-t-il. « Mon job : m'assurer que les pharmacies auxquelles on livrait opéraient légalement. »

Au début, il prend son rôle au sérieux. Il enquête sur les alertes. Visite les pharmacies suspectes. Rédige des rapports.

« En 2006, j'ai identifié 22 pharmacies qui étaient clairement des pill mills. Clients payant comptant, prescriptions de médecins à des centaines de kilomètres, volumes absurdes. J'ai recommandé la suspension immédiate. »

Réponse de sa hiérarchie : trois pharmacies suspendues. Les dix-neuf autres continuent à être livrées.

« On m'a dit : 'Sois pas trop zélé. On peut pas se permettre de perdre ces clients.' »

En 2008, la pression s'intensifie. Cardinal Health vient de signer un accord avec la DEA (suite à des violations de conformité) s'engageant à renforcer sa surveillance.

« C'était une blague », dit Jim amèrement. « En surface, on créait des procédures, des formations, des documents. Mais dans les faits, rien ne changeait. Les pilules continuaient à couler. »

Il me montre un email qu'il a conservé. Daté du 12 janvier 2009, de son supérieur direct :

« Jim,

Ton taux de suspension est trop élevé (18% pharmacies région). Objectif corporate : max 5%. Si pharmacie génère >500K$/an, suspension seulement si preuves IRRÉFUTABLES détournement. Sois pragmatique. »

« Pragmatique », répète Jim. « C'est le mot-code pour 'ferme les yeux'. »

L'email continue :

« Rappel : bonus annuels calculés sur rétention clients + croissance revenus. Suspensions = impact négatif ton bonus. »

« Vous comprenez ? » me dit Jim. « Plus je faisais mon boulot, protéger la santé publique, moins j'étais payé. Le système était conçu pour récompenser ceux qui laissaient passer les pilules. »

En 2011, frustré et moralement épuisé, Jim documente tout. Il compile des centaines d'emails, rapports, alertes ignorées.

Et il contacte la DEA.

« Je suis devenu lanceur d'alerte. »

Cardinal Health découvre la fuite. Jim est licencié en 2012 pour « performance insuffisante ».

« Ils ont détruit ma réputation. Pendant trois ans, je n'ai pas trouvé de travail dans le secteur. J'étais blacklisté. »

Mais ses documents ont alimenté les investigations fédérales qui ont finalement abouti aux procès massifs contre les distributeurs.

« Ça valait le coup ? » je lui demande.

Long silence.

« J'ai perdu ma carrière. Mon mariage n'a pas survécu au stress. J'ai fait une dépression. Mais quand je vois les chiffres, 500 000 morts, je me dis que si j'avais pas parlé, je serais complice. Alors oui. Ça valait le coup. »

Kimberly Bender, Ancienne pharmacienne chez Walgreens (2006-2014)

Kimberly, 44 ans, travaillait dans une pharmacie Walgreens à Port Richey, Floride, un des épicentres de l'épidémie.

« La Floride au début des années 2010, c'était le Far West des opioïdes », me dit-elle. « Des pill mills partout. Des patients qui venaient de Géorgie, d'Alabama, avec des prescriptions louches. »

Son Walgreens était submergé. Quotidiennement, 200 à 300 prescriptions d'opioïdes.

« Je savais que beaucoup étaient frauduleuses. Même médecin prescripteur. Même dose. Même format. Patients qui payaient comptant, 400, 500 dollars en liquide, sans sourciller. »

Kimberly signale ses inquiétudes à sa direction régionale.

« On m'a dit de remplir les prescriptions tant qu'elles étaient techniquement valides. Si le nom du médecin, la signature, le tampon sont là, je dois servir. Point. »

Mais elle résiste. Elle refuse plusieurs prescriptions qu'elle juge suspectes.

Résultat : plaintes de clients. Appels à son district manager.

« En juillet 2011, j'ai reçu un avertissement écrit. Pour 'service client inadéquat' et 'retards dans la distribution'. »

L'avertissement précise qu'elle doit « réduire le temps de traitement des prescriptions » et « minimiser les refus ».

« Le message était clair : arrête de faire des vagues. Distribue les pilules. »

En 2012, la pression s'intensifie. Walgreens introduit des objectifs de vente, y compris pour les médicaments sur prescription.

« On avait des quotas. Genre : augmenter de 15 % le volume de prescriptions traitées par rapport à l'année précédente. Et les opioïdes comptaient dans le quota. »

Réfléchissez à cela. Des quotas de vente. Pour des substances contrôlées. Des médicaments censés être strictement limités aux besoins médicaux légitimes.

« C'était devenu un business comme un autre », dit Kimberly. « Vendre des pilules, vendre du shampoing, c'était pareil. »

En 2014, moralement épuisée, elle démissionne.

« Je ne pouvais plus. Chaque jour, je voyais des gens clairement accros. Certains tremblaient, en sueur, en manque. Et je leur donnais leur dose. J'étais devenue leur dealer. Avec une blouse blanche et un diplôme, mais dealer quand même. »

Aujourd'hui, Kimberly ne travaille plus comme pharmacienne. Elle est conseillère dans un centre de traitement de l'addiction.

« J'essaie de réparer. De me racheter. »

Victor Martinez, Ancien chauffeur-livreur chez McKesson (2007-2015)

Victor livrait des cargaisons de médicaments pour McKesson dans le Kentucky et la Virginie-Occidentale.

« Mon camion transportait toutes sortes de médocs. Mais les opioïdes, c'était de loin le plus gros volume. »

Il me décrit ses tournées.

« Certaines pharmacies, je livrais des palettes entières d'oxy. Genre, 20 cartons de 5 000 pilules. Pour une pharmacie dans un village de 800 habitants. »

Les pharmaciens signaient le bon de livraison, les cartons disparaissaient à l'arrière. Trente minutes plus tard, Victor voyait déjà des files de clients.

« Une fois, j'ai livré à 10h du matin. À 10h30, je me suis arrêté déjeuner dans un resto en face de la pharmacie. Il y avait une file de cinquante personnes. Beaucoup avaient l'air vraiment mal, maigres, malades. »

Il savait ce qui se passait ?

« Bien sûr. Tout le monde savait. Mais mon job, c'était de livrer les colis, pas de poser des questions. »

En 2012, il assiste à une scène qui le marque.

« J'arrive pour une livraison dans une petite ville. Je vois trois ambulances devant la pharmacie. Un gars a fait une overdose dans sa voiture juste après être sorti avec ses pilules. Mort. »

Victor livre quand même sa cargaison. Routine.

« Le pharmacien m'a dit : 'Troisième fois ce mois-ci.' Troisième overdose. Dans le parking. En un mois. »

Il signale l'incident à son superviseur chez McKesson.

« On m'a dit que c'était pas mon problème. Mon job, c'est de conduire le camion. »

Victor a quitté McKesson en 2015. Il conduit maintenant pour UPS.

« Je livre des colis Amazon maintenant. Au moins, je sais que je contribue pas à tuer les gens. »

Les petites villes noyées : cartographie de l'inondation

Pour visualiser l'ampleur de l'inondation, des journalistes du *Washington Post* et de *Charleston Gazette-Mail* ont obtenu (après des batailles judiciaires de plusieurs années) les données de l'ARCOS , le système de la DEA qui suit chaque pilule d'opioïde vendue aux États-Unis.

La base de données couvre 2006-2014. Elle contient **100 milliards de transactions**. Chaque pilule vendue, son origine, sa destination.

L'analyse révèle des chiffres hallucinants.

Virginie-Occidentale (population : 1,8 million)

Total opioïdes distribués 2006-2014 : **10,2 milliards de pilules**

Soit **5 666 pilules par habitant** sur neuf ans.

Ou **629 pilules par habitant et par an.**

Ou **1,7 pilule par habitant et par jour**. Tous les jours. Pendant neuf ans.

Certains comtés sont encore pires :

Comté de Mingo (population : 26 000)

Total distribué : **30 millions de pilules**

Par habitant : **1 153 pilules/an**

Comté de McDowell (population : 20 000)

Total distribué : **21 millions de pilules**

Par habitant : **1 050 pilules/an**

La ville de Kermit (celle de la pharmacie Tug Valley mentionnée en introduction) :

392 habitants, **9 millions de pilules**

Soit **22 959 pilules par habitant** sur dix ans.

« Ces chiffres sont tout simplement impossibles à justifier médicalement », déclare le Dr Andrew Kolodny. « Il n'existe aucun scénario où une population entière aurait besoin de 600 pilules d'opioïdes par personne et par an. C'est du détournement de masse. »

Mais les distributeurs ont continué à livrer.

L'exemple de Williamson

Williamson, Virginie-Occidentale. Population : 2 900 habitants.

Entre 2006 et 2016, cette petite ville a reçu **20,8 millions de pilules d'hydrocodone et d'oxycodone**.

Deux pharmacies dans la ville, Tug Valley Pharmacy et Hurley Drug, ont reçu à elles seules 17 millions de pilules.

Les distributeurs qui les ont livrées :

- McKesson : 8,5 millions de pilules
- Cardinal Health : 5,2 millions
- AmerisourceBergen : 3,3 millions

En 2008, un enquêteur de la DEA visite Williamson. Son rapport :

« Les deux pharmacies opèrent clairement comme des points de distribution pour le marché noir. Files quotidiennes de 100+ personnes. Nombreux véhicules immatriculés hors État. Clients entrant/sortant en

moins de 5 minutes. Aucune consultation pharmaceutique observée. Paiements exclusivement en liquide. »

Le rapport est transmis aux trois distributeurs.

Leur réaction : ils continuent à livrer. Pendant huit ans supplémentaires.

« Williamson est devenu un exemple d'école », me dit Eric Eyre, journaliste du *Charleston Gazette-Mail* qui a remporté le Pulitzer pour son investigation sur ce sujet. « C'est l'illustration parfaite de la complicité systémique. Tout le monde savait. La DEA savait. Les distributeurs savaient. Les pharmacies savaient. Et rien n'a changé. »

Le coût humain

Dans le comté de Mingo (dont fait partie Williamson), le taux de mortalité par overdose a été multiplié par **14** entre 2000 et 2015.

2000 : 3 décès par overdose

2015 : 42 décès

Pour 26 000 habitants, cela représente un taux de 161 décès pour 100 000, **le plus élevé de tout le pays.**

« Nous avons perdu une génération entière », me dit le maire de Williamson, Darrin McCormick, que j'ai rencontré en 2019. « Presque chaque famille a perdu quelqu'un. Oncle, tante, cousin, enfant. La drogue est arrivée par camions entiers. Et ces camions portaient les logos de McKesson, Cardinal, AmerisourceBergen. »

Il me montre le cimetière local.

« Regardez les dates. »

Nous marchons entre les tombes. Une section récente attire l'œil. Dizaines de pierres tombales. Presque toutes datées entre 2010 et 2018. Presque toutes pour des personnes décédées entre 20 et 45 ans.

« Ils ont tué ma ville », dit le maire. « Méthodiquement. Pendant des années. Et ils ont fait des milliards de profits. »

Les profits du carnage

Parlons d'argent.

Entre 2006 et 2016, les trois grands distributeurs ont généré des revenus massifs grâce aux opioïdes.

Estimation (basée sur les données judiciaires et analyses financières) :

McKesson

Revenus opioïdes 2006-2016 : ~39 milliards $

Profits estimés : ~4,7 milliards $

Cardinal Health

Revenus opioïdes 2006-2016 : ~28 milliards $

Profits estimés : ~3,4 milliards $

AmerisourceBergen

Revenus opioïdes 2006-2016 : ~31 milliards $

Profits estimés : ~3,9 milliards $

Total profits combinés : ~12 milliards de dollars

« Et encore, ce ne sont que les opioïdes prescrits », note un analyste financier. « Ils distribuent des milliers d'autres médicaments. Mais les opioïdes étaient un cash cow extraordinaire. Marges élevées, demande explosive, concurrence limitée. »

La rémunération des dirigeants

Pendant que l'épidémie faisait rage, les PDG des trois entreprises étaient grassement rémunérés.

John Hammergren, PDG de McKesson (2001-2019)

Rémunération totale sur la période : **692 millions $**

En 2013 (année record d'overdoses) : **51,7 millions $**

Hammergren a pris sa retraite en 2019 avec un package estimé à **159 millions de dollars.**

« C'est obscène », commente un avocat des plaignants. « Cet homme a gagné presque 700 millions de dollars en supervisant une entreprise qui a littéralement inondé le pays de drogues mortelles. »

George Barrett, PDG de Cardinal Health (2009-2017)

Rémunération totale : **178 millions $**

Steven Collis, PDG d'AmerisourceBergen (2011-présent)

Rémunération 2011-2019 : **153 millions $**

Aucun d'entre eux n'a jamais été poursuivi pénalement.

Les chaînes de pharmacies : CVS, Walgreens, Walmart

Mais les distributeurs ne sont qu'une partie de l'équation. À l'autre bout de la chaîne : les pharmacies elles-mêmes.

Et là aussi, les grandes chaînes ont fermé les yeux.

CVS Health

41 000 pharmacies

Revenus 2015 : 153 milliards $

Walgreens

13 000 pharmacies

Revenus 2015 : 103 milliards $

Walmart Pharmacy

4 700 pharmacies

Part du chiffre d'affaires Walmart : ~15 %

Ces trois chaînes, à elles seules, contrôlent environ **60 % du marché pharmaceutique retail** américain.

Et entre 2006 et 2016, elles ont distribué des milliards de pilules d'opioïdes.

Le cas Walgreens

En 2013, Walgreens signe un accord avec la DEA et le Département de la Justice : l'entreprise paie **80 millions de dollars d'amende** pour avoir violé la loi sur les substances contrôlées dans ses pharmacies de Floride.

L'investigation a révélé que six pharmacies Walgreens en Floride ont commandé **millions de pilules d'oxycodone** entre 2010 et 2012, bien au-delà de ce qui pourrait être justifié médicalement.

Une seule pharmacie Walgreens à Hudson, Floride, a commandé **95 000 pilules d'oxycodone en un mois**. Pour une pharmacie de quartier standard, la commande normale serait de 5 000 à 10 000.

« Les pharmaciens signalaient les anomalies », révèle un document interne. « Mais la direction corporate exigeait qu'ils continuent à servir pour 'ne pas perdre de part de marché'. »

80 millions de dollars. Cela semble beaucoup.

Mais Walgreens a généré **103 milliards de revenus** cette année-là. L'amende représente **0,08 % du chiffre d'affaires annuel**.

« C'est une gifle avec une plume », résume Paul Hanly. « Pour eux, c'est un coût du business. »

Le cas CVS

CVS, la plus grande chaîne, a longtemps évité les poursuites majeures. Mais en 2021-2022, alors que je finalise ce livre, l'entreprise fait face à des milliers de procès de municipalités.

Les documents judiciaires révèlent que CVS, comme Walgreens, avait des systèmes informatiques détectant les prescriptions suspectes.

Mais une investigation du *New York Times* révèle qu'en 2012, CVS a modifié ses algorithmes pour **réduire le nombre d'alertes**.

Email interne, avril 2012 :

« Le taux d'alerte actuel (22 % des prescriptions opioïdes) ralentit excessivement le service et frustre les clients. Objectif : réduire à <10 % via ajustement des paramètres. »

Traduction : trop d'alertes, donc on rend le système moins sensible.

Le cas Walmart

Walmart a également fait l'objet d'investigations.

En 2020, le Département de la Justice poursuit Walmart, alléguant que l'entreprise a « échoué à maintenir des contrôles effectifs » et a « rempli des milliers de prescriptions invalides ».

Un lanceur d'alerte, ancien pharmacien chez Walmart, témoigne :

« On nous mettait une pression énorme sur la vitesse de service. L'objectif : traiter une prescription en moins de 15 minutes. Si on prenait le temps de vérifier, d'appeler le médecin prescripteur, de questionner le patient, on se faisait réprimander. »

Il décrit un système de « drive-through », des patients qui récupèrent leurs prescriptions d'opioïdes sans même descendre de voiture.

« Zéro consultation. Zéro conseil. Juste : voici vos pilules, au revoir. Comme un McDonald's. »

L'omerta : pressions sur les pharmaciens dissidents

Mais que se passe-t-il quand un pharmacien refuse de coopérer ?

L'histoire de Kathy Mullins

Kathy Mullins travaillait comme pharmacienne chez CVS à Sanford, Floride.

En 2011, elle commence à refuser des prescriptions qu'elle juge suspectes. Mêmes patients revenant toutes les semaines. Prescriptions de cliniques connues comme pill mills. Doses dangereusement élevées.

Sa manager de district l'appelle.

« Elle m'a dit : 'Kathy, ton taux de refus est trop élevé. Ça impacte nos chiffres. Si une prescription est techniquement valide, tu dois la remplir.' »

Kathy persiste. Elle documente chaque prescription refusée, avec ses raisons.

En août 2011, elle reçoit un avertissement écrit pour « service client inadéquat ».

En octobre, un deuxième avertissement.

En janvier 2012, elle est licenciée. Motif officiel : « Performance insuffisante et attitude non coopérative ».

« Ils m'ont virée parce que je refusais de participer au trafic », me dit Kathy, que j'ai interviewée chez elle en 2018. « J'avais un diplôme, une licence professionnelle, un serment à respecter. Mais pour CVS, j'étais un obstacle aux profits. »

Elle a poursuivi CVS pour licenciement abusif. Affaire réglée à l'amiable en 2014 (montant confidentiel, mais Kathy a dû signer une clause de non-divulgation qu'elle a choisi de violer pour témoigner).

« Combien d'autres pharmaciens comme moi ont été réduits au silence ? » demande-t-elle. « Combien ont eu peur de perdre leur emploi et ont fermé les yeux ? »

Le témoignage de Richard Holley

Richard Holley, pharmacien chez Walgreens dans l'Ohio, a vécu une expérience similaire.

« En 2013, j'ai refusé de servir un patient qui venait chercher sa quatrième prescription d'oxy du mois. Prescriptions de quatre médecins différents. C'était du doctor shopping évident. »

Le patient s'est plaint. Appel furieux au corporate.

« Deux jours plus tard, mon district manager débarque dans ma pharmacie. Il me dit : 'Tu ne peux pas refuser un client sans preuves solides. Si la prescription est valide, tu sers. Point.' »

Richard essaie d'expliquer : les quatre prescriptions, les médecins différents, les doses cumulées dangereuses.

« Il m'a coupé : 'C'est pas ton problème. Ton job, c'est de servir les prescriptions valides. Le reste, c'est entre le patient et son médecin.' »

Richard a continué à refuser. Il a été muté dans une autre pharmacie, un « placard » dans un quartier peu fréquenté, avec une réduction de responsabilités.

« C'était une punition. Le message était clair : tu joues le jeu, ou ta carrière est finie. »

Les amendes ridicules : quand le crime paie

Face aux violations répétées, la DEA et le Département de la Justice ont fini par agir. Des amendes ont été infligées.

Mais regardons les chiffres.

McKesson

2008 : 13,2 millions $ (violations Controlled Substances Act)

2017 : 150 millions $ (violations multiples, notamment détournements non signalés)

Total amendes 2006-2020 : ~560 millions $

Cardinal Health

2008 : 34 millions $
2016 : 44 millions $
2020 : 23 millions $
Total : ~190 millions $
AmerisourceBergen
2007 : 16 millions $
2016 : 16 millions $
Total : ~75 millions $
Walgreens
2013 : 80 millions $
CVS
À ce jour, aucune amende majeure (procès en cours).
Walmart
Procès en cours, pas encore de règlement.
Récapitulatif :

Total des amendes payées par les grands distributeurs et chaînes de pharmacies pour violations liées aux opioïdes : **environ 900 millions de dollars** sur quinze ans.

Maintenant, comparons aux profits.

Profits estimés des opioïdes pour ces mêmes entreprises sur la même période : **plus de 20 milliards de dollars**.

Ratio amendes/profits : **4,5 %**

« C'est une taxe sur le crime », résume un procureur. « Ils ont gagné 20 milliards, payé moins d'un milliard en amendes. ROI : 19 milliards. Dans quel univers est-ce une dissuasion ? »

Les procès : une justice qui arrive trop tard

En 2017-2018, face à l'ampleur du scandale, les poursuites explosent.

Des milliers de villes, comtés, États, hôpitaux, syndicats poursuivent les distributeurs et les chaînes de pharmacies.

Les accusations : négligence, nuisance publique, violation de la loi sur les substances contrôlées, enrichissement injuste.

L'affaire de l'Ohio

En 2019, deux comtés de l'Ohio (Cuyahoga et Summit) obtiennent un procès contre CVS, Walgreens, Walmart.

Verdict, novembre 2021 : **les trois chaînes sont jugées responsables** d'avoir contribué à la crise des opioïdes dans les deux comtés.

C'est la première fois qu'un jury tient des pharmacies responsables.

« C'est un verdict historique », déclare le juge Dan Polster. « Il établit que les pharmacies ont des responsabilités légales au-delà de simplement remplir des prescriptions. »

Dommages-intérêts : à déterminer. Les comtés demandent **1 milliard de dollars** pour financer les traitements et la réparation des dégâts.

Le mega-settlement de 2021

En juillet 2021, un accord national est conclu :

Les trois grands distributeurs (McKesson, Cardinal, AmerisourceBergen) acceptent de payer **21 milliards de dollars** sur 18 ans.

Les chaînes de pharmacies (CVS, Walgreens, Walmart) négocient un accord séparé de **13 milliards $** supplémentaires.

Total : 34 milliards de dollars.

C'est, en apparence, une somme énorme.

Mais creusons.

34 milliards sur 18 ans = 1,9 milliard par an.

Divisé entre les trois distributeurs et les trois pharmacies = **316 millions par an par entreprise**.

Pour McKesson, qui génère **250 milliards de revenus annuels**, cela représente **0,13 % du chiffre d'affaires.**

« C'est une erreur d'arrondi dans leur comptabilité », ironise un analyste financier.

Plus important : **aucun dirigeant n'est poursuivi pénalement**. Aucun ne voit l'intérieur d'une prison.

John Hammergren, l'ex-PDG de McKesson, coule une retraite dorée avec ses 692 millions de dollars.

George Barrett, Cardinal Health, idem.

« On a criminalisé les utilisateurs, les toxicomanes vont en prison », résume Joe Rannazzisi. « Mais ceux qui ont organisé le trafic à l'échelle industrielle ? Ils paient une amende et rentrent chez eux dans leurs manoirs. »

Épilogue : le système qui continue

Cincinnati, Ohio, Entrepôt McKesson, juin 2022

Je me tiens devant un immense complexe industriel. Trois bâtiments gigantesques. Parking rempli de camions de livraison arborant le logo McKesson.

L'entreprise a payé son amende. Signé des accords de conformité. Promis de faire mieux.

Mais l'entrepôt tourne toujours. Les camions partent toujours. Les pilules circulent toujours.

« Le système n'a pas fondamentalement changé », me dit un observateur de l'industrie. « Ils ont ajouté quelques procédures. Embauché quelques responsables de conformité. Mais la structure est intacte. »

Les opioïdes continuent d'être distribués. Légalement. En quantités massives.

Certes, les volumes ont diminué depuis les pics de 2010-2012. Les régulations se sont durcies. Les médecins prescrivent moins.

Mais en 2021, **107 milliards de doses d'opioïdes** ont été distribuées aux États-Unis.

Soit **323 doses par habitant.**

Toujours astronomique.

« Et vous savez ce qui s'est passé ? » demande Sam Quinones, auteur de *Dreamland*. « Les prescriptions ont baissé. Mais les overdoses ont continué d'augmenter. Parce que les gens accros se sont tournés vers le marché noir. Vers l'héroïne. Vers le fentanyl. »

Le fentanyl, opioïde synthétique 100 fois plus puissant que la morphine, tue maintenant plus de 80 000 Américains par an.

« On a créé une génération de cerveaux dépendants aux opioïdes via les prescriptions. Maintenant qu'on a fermé le robinet des prescriptions, ces cerveaux cherchent ailleurs. Le problème s'est déplacé, pas résolu. »

Kermit, Virginie-Occidentale, Retour au point de départ

Je retourne à Kermit, où a commencé ce chapitre.

La pharmacie Tug Valley a fermé en 2015, après que son propriétaire ait plaidé coupable de trafic.

Le bâtiment est abandonné. Fenêtres barricadées. Graffitis sur les murs.

Je rencontre le maire, Kevin Coleman.

« 392 habitants. Vous savez combien on a perdu à cause des overdoses depuis 2000 ? »

J'attends.

« Soixante-sept. »

Silence.

« Soixante-sept morts. Dans un village de 392 personnes. »

Il me montre le cimetière. Une section entière de tombes récentes.

« Ils ont inondé notre ville. McKesson, Cardinal, AmerisourceBergen. Ils ont livré des millions de pilules. Ils savaient exactement ce qui se passait. »

Il a les larmes aux yeux.

« Mes voisins. Mes amis. Les enfants de mes amis. Tous morts. Et ces entreprises ? Elles ont payé une amende et continué. Personne en prison. Personne vraiment puni. »

Nous restons là, dans le silence du cimetière.

Un corbeau croasse au loin.

Kevin murmure :

« C'est ça, l'Amérique en 2022. On peut tuer 500 000 personnes avec de la drogue, tant que c'est légal et bien documenté. »

Il s'éloigne entre les tombes.

Je reste seul avec les morts de Kermit. Soixante-sept noms gravés dans la pierre.

Soixante-sept vies. Détruites par un système qui a choisi le profit plutôt que les gens.

Un système qui continue de tourner.

CHAPITRE 9 : La contagion européenne : même cause, mêmes effets

Paris, 3 mars, 6h47

Le téléphone vibra sur la table de nuit. Damien ouvrit les yeux dans l'obscurité de sa chambre d'hôtel parisienne. Le nom qui s'affichait le fit se redresser d'un coup : Dr. Klaus Hoffmann, addictologue à Berlin.

« Ils sont là, » murmura la voix avec un fort accent allemand. « Les cas que vous m'avez décrits. Ils arrivent dans mes consultations. »

Damien alluma la lampe de chevet, cherchant déjà son carnet. Trois mois plus tôt, il avait contacté Hoffmann après avoir découvert quelque chose qui l'avait glacé : les mêmes laboratoires pharmaceutiques qui avaient inondé l'Amérique d'opioïdes déployaient exactement la même stratégie en Europe. Pas une stratégie similaire. La *même*. Mot pour mot. Graphique pour graphique.

« Combien ? » demanda-t-il.

« Cette semaine ? Quatre. Le mois dernier ? Quinze. L'année dernière ? Je n'en avais jamais vu. »

Damien griffonna dans l'obscurité. Les chiffres ne mentaient jamais.

« Docteur Hoffmann, je serai à Berlin après-demain. Ne parlez à personne. »

Bruxelles, siège de l'Agence européenne des médicaments, Trois jours plus tôt

La source avait choisi le parking souterrain. Classique, pensa Damien en descendant les escaliers de béton froid. L'homme l'attendait près d'une Volvo grise, capuche relevée malgré l'abri.

« Dix minutes, maximum, » lâcha-t-il en tendant une enveloppe kraft gonflée. « Ce que vous cherchez est là-dedans. Tout. »

Damien ouvrit l'enveloppe. Des centaines de pages. Des documents internes de PharmaLog, le deuxième plus gros fabricant d'opioïdes au monde. Des emails. Des présentations PowerPoint. Des graphiques de pénétration de marché.

« Bon sang... »

« Regardez la page 47, » dit l'homme. « C'est là qu'ils appellent ça le "European Expansion Protocol". Protocole d'expansion européenne. Ils ont littéralement copié-collé leur stratégie américaine. »

Damien tourna fébrilement les pages. Là, en caractères Times New Roman 12, noir sur blanc :

"Phase 1 (2010-2015) : Établir la légitimité scientifique via publications sponsorisées et formation de KOL (Key Opinion Leaders). Marchés prioritaires : Allemagne, France, UK."

"Phase 2 (2015-2020) : Déploiement commercial agressif. Objectif : +200% volume prescriptions. Focus : douleurs chroniques, post-opératoire, gériatrie."

"Phase 3 (2020-2025) : Consolidation et extension aux marchés d'Europe de l'Est et du Sud."

« Ils ont planifié ça il y a dix ans, » murmura Damien, incrédule.

« Ils *exécutent* ça depuis dix ans, » corrigea la source. « La page 89. Les résultats. »

Damien sauta les pages. Un tableau Excel méticuleusement rempli :

- **France : +154% (2012-2022)**
- **Allemagne : +203% (2012-2022)**
- **Royaume-Uni : +178% (2012-2022)**

- **Espagne : +112% (2012-2022)**
- **Italie : +167% (2012-2022)**

Les prescriptions d'opioïdes forts avaient explosé. Partout. Simultanément.

« Comment est-ce possible ? » balbutia Damien. « Les autorités européennes ont vu ce qui s'est passé en Amérique. Des centaines de milliers de morts. Comment ont-elles pu laisser... »

« Page 134, » coupa l'homme. « Regardez qui siège dans les comités consultatifs de l'AEM. »

Damien parcourut la liste des noms. Son sang se glaça. Le Dr. Friedrich Weiss, consultant pour PharmaLog depuis 2008. La Pr. Marie-Claire Dubois, qui avait reçu 450 000 euros de "frais de conférence" de trois laboratoires différents. Le Dr. Antonio Marchetti, dont l'institut de recherche était financé à 60% par l'industrie pharmaceutique.

« Ils sont *dans* les institutions, » réalisa Damien à voix haute.

« Maintenant vous comprenez. » L'homme recula vers sa voiture. « J'ai une famille. Si on remonte jusqu'à moi... »

« Vous avez ma parole. »

La Volvo démarra. Damien resta seul dans le parking, serrant l'enveloppe contre lui comme un trésor maudit.

Glasgow, Écosse, Une semaine plus tard

Le quartier de Possil Park s'étendait sous un ciel de plomb. Des barres d'immeubles grises, des vitrines condamnées, des groupes de jeunes désœuvrés au coin des rues. Damien suivait le Dr. Sheila MacKenzie, médecin généraliste depuis trente ans dans ce quartier ouvrier désindustrialisé.

« Vous voyez cette rue ? » dit-elle en pointant une artère défoncée. « En 2015, je prescrivais des opioïdes forts à huit patients réguliers. Aujourd'hui ? Cent quarante-trois. »

Elle s'arrêta devant une maison dont les fenêtres étaient recouvertes de planches.

« Tommy McKay. Trente-huit ans. Blessure au dos en 2016 sur un chantier. On lui a donné de l'OxyContin. Prescription de trois mois. Il est mort l'année dernière. Overdose. Il en prenait vingt comprimés par jour. »

« Comment a-t-il pu obtenir autant de comprimés ? »

Dr. MacKenzie sortit son téléphone, montra un email.

« Regardez ça. 2017. Un représentant de PharmaLog m'invite à un "symposium scientifique" à Édimbourg. Tous frais payés, hôtel cinq étoiles, dîner gastronomique. Le sujet ? "Nouvelle approche de la douleur chronique : osons les opioïdes". Trois heures de présentations nous expliquant que nous sous-traitons la douleur, que les risques de dépendance sont "grandement exagérés", que nous avons un "devoir éthique" de soulager nos patients. »

« Vous y êtes allée ? »

« Oui. » Son visage se durcit. « Comme quatre-vingts autres médecins de la région. Ils nous ont donné des "guides de prescription", des échantillons gratuits, des cartes de dosage. Tout était présenté comme de la science pure. Des études, des graphiques, des statistiques. »

« Des études bidonnées. »

« Évidemment. Mais comment le savais-je à l'époque ? » Sa voix se brisa. « J'ai tué des patients, monsieur Moretti. Par ignorance. Par naïveté. Parce que j'ai fait confiance. »

Damien posa une main sur son épaule.

« Vous étiez une cible. Comme des milliers d'autres. »

Ils marchèrent en silence jusqu'au centre communautaire. À l'intérieur, une vingtaine de personnes étaient assises en cercle. Réunion des Narcotiques Anonymes.

« Il y a cinq ans, nous avions trois personnes à ces réunions, » murmura Dr. MacKenzie. « Toutes dépendantes à l'héroïne.

Aujourd'hui ? Vingt-cinq. Dont dix-huit ont commencé avec une prescription médicale légale. »

Damien observa les visages. Une femme d'une soixantaine d'années, mains tremblantes. Un jeune homme au regard vide, pas plus de vingt-cinq ans. Un ouvrier aux épaules massives, tatouages délavés, qui pleurait silencieusement.

« C'est exactement ce que j'ai vu en Virginie-Occidentale, » souffla-t-il. « Exactement les mêmes visages. La même destruction. »

« L'Écosse est en train de devenir votre Virginie-Occidentale, » dit Dr. MacKenzie. « Et personne n'en parle. »

Manchester, Angleterre, Le lendemain

Le Pr. James Thornton l'accueillit dans son bureau encombré de l'hôpital royal de Manchester. Sur les murs, des cartes de la région piquées de punaises rouges.

« Chaque punaise représente un décès par overdose d'opioïdes confirmé depuis 2018, » expliqua-t-il. « Nord de Manchester, Salford, Rochdale, Bolton... Les anciennes zones industrielles. »

Damien compta. Plus de deux cents punaises.

« Les autorités sanitaires britanniques ont ces données ? »

« Bien sûr. Depuis 2019. »

« Et ? »

Thornton eut un rire amer.

« Déclarations officielles : "La situation est sous contrôle", "Nous surveillons attentivement", "Le Royaume-Uni ne connaîtra pas de crise comme celle des États-Unis". »

Il sortit un document officiel du Department of Health and Social Care.

« Regardez. Rapport de 2021. Page 67 : "Bien que les prescriptions d'opioïdes aient augmenté ces dernières années, cette hausse reste dans des proportions médicalement justifiées et ne constitue pas un motif d'alarme significatif." »

« C'est criminel. »

« C'est politique, » corrigea Thornton. « Admettre qu'une crise sanitaire majeure est en cours ? Cela signifierait admettre que les régulateurs ont failli. Que le système de santé publique a été infiltré. Que des centaines de médecins ont été manipulés. Personne ne veut être responsable. »

Il se pencha en avant, les yeux brûlants de colère.

« Vous voulez savoir ce qui me terrifie vraiment ? Nous sommes exactement où l'Amérique était en 2005. Le début. Dans dix ans, si rien ne change, combien de morts ? Cinquante mille ? Cent mille ? »

Damien ne répondit pas. Il savait que Thornton avait raison.

Berlin, Allemagne, Trois jours plus tard

Le Dr. Klaus Hoffmann l'emmena dans son centre de traitement de l'addiction, à Lichtenberg, dans l'ancienne Allemagne de l'Est. Des bâtiments préfabriqués gris, vestiges de l'ère communiste.

« Ici, le taux de chômage reste élevé, » expliqua Hoffmann. « Les salaires bas. Beaucoup de douleur sociale. Littérale et métaphorique. »

Il ouvrit la porte d'une salle de consultation. Une femme d'une quarantaine d'années, mince, nerveuse, se tordait les mains.

« Frau Keller, voici le journaliste dont je vous ai parlé. »

La femme hocha la tête, méfiante.

« Je ne veux pas de photo. Pas de nom de famille. »

« Promis, » dit Damien en s'asseyant.

« Tout a commencé il y a six ans, » commença-t-elle d'une voix monocorde. « Fibromyalgie. Douleurs chroniques partout. Mon médecin m'a donné du Tramadol d'abord. Puis de l'Oxycodone. Puis du Fentanyl en patch. "Ne vous inquiétez pas", disait-il. "Ces médicaments sont sûrs quand ils sont bien prescrits." »

« Combien en preniez-vous ? »

« À la fin ? Huit cents milligrammes d'Oxycodone par jour. J'allais voir trois médecins différents. Je falsifiais des ordonnances. J'ai vendu ma voiture, mes bijoux. J'ai volé ma propre mère. »

Des larmes coulaient maintenant.

« J'étais professeure. J'avais deux enfants. Une vie normale. Et puis... » Elle leva les bras en signe d'impuissance. « Plus rien. Juste le besoin. Toujours le besoin. »

Après qu'elle fut partie, Hoffmann sortit un graphique.

« Regardez. Nouveaux patients pour dépendance aux opioïdes dans mon centre. 2015 : 12. 2020 : 89. 2023 : 247. Une augmentation de 2000% en huit ans. »

« Les autorités allemandes réagissent ? »

« Le ministère de la Santé m'a invité à une réunion en novembre dernier. Avec dix autres addictologues. Nous avons tous rapporté la même chose : explosion des cas. Vous savez quelle a été leur réponse ? "Ne communiquez pas ces chiffres publiquement. Nous ne voulons pas créer de panique inutile." »

« Panique inutile ? »

« Leur argument : l'Allemagne a un meilleur système de contrôle que les États-Unis. Notre système de santé est plus robuste. Nous ne laisserons pas la situation dégénérer. » Hoffmann écrasa son poing sur le bureau. « Conneries ! C'est exactement ce qu'ils disaient en Amérique en 2000 ! »

Lyon, France, Une semaine plus tard

Le Dr. Sophie Arnaud accepta de le rencontrer dans un café discret du 7ème arrondissement. Elle avait travaillé pendant cinq ans comme visiteuse médicale pour PharmaCorp avant de démissionner en 2021.

« Je n'en pouvais plus, » dit-elle en touillant mécaniquement son café. « Je savais ce que je faisais. Je savais que c'était mal. »

« Racontez-moi. »

Elle inspira profondément.

« On nous formait pendant trois semaines. Techniques de vente, profils psychologiques des médecins, arguments scientifiques. Mais le vrai message était simple : vendre, vendre, vendre. On avait des quotas. Par médecin, par région, par trimestre. »

« Comment convainquiez-vous les médecins ? »

« Plusieurs méthodes. Pour les jeunes médecins : études scientifiques, caution des "experts", argument d'autorité. Pour les médecins de campagne débordés : simplification, "solution facile à un problème complexe". Pour les médecins bien établis : invitations à des congrès, contrats de consultation, financements de recherche. »

« Corruption. »

« Exactement. Mais légale. Techniquement. » Elle sortit un carnet. « Voilà mes notes de 2019. Dr. M., généraliste à Vaulx-en-Velin. Je l'ai invité trois fois à des "formations médicales" : Barcelone, Nice, Prague. Coût total : 8 000 euros. Ses prescriptions d'opioïdes ont augmenté de 340% en dix-huit mois. »

« Il savait ce qu'il faisait ? »

« Probablement. Mais il se convainquait qu'il aidait ses patients. C'est facile de se mentir quand on reçoit un week-end gratuit dans un hôtel cinq étoiles. »

« Vous avez des documents ? Des preuves ? »

Elle poussa une clé USB sur la table.

« Trois ans d'emails internes. Listes de médecins ciblés. Tableaux de prescriptions. Budgets de corruption déguisés en "frais éducatifs". Tout. »

« Pourquoi maintenant ? »

« Parce que j'ai une fille de neuf ans. » Sa voix se brisa. « Et je ne veux pas qu'elle grandisse dans un pays détruit par cette merde. Comme l'Amérique. »

Paris, ministère de la Santé, Deux jours plus tard

Obtenir le rendez-vous avait demandé des semaines de pression. Damien avait contacté son journal, qui avait contacté la rédaction du Monde, qui avait posé des questions embarrassantes au cabinet du ministre. Finalement, on lui avait accordé trente minutes avec Mathieu Delvaux, directeur de la Direction générale de la santé.

L'homme était lisse, costume impeccable, sourire professionnel.

« Monsieur Moretti, je comprends vos inquiétudes, mais je dois vous assurer que la France surveille cette situation de très près. »

Damien sortit les documents de Sophie Arnaud.

« Vraiment ? Parce que j'ai ici la preuve que les prescriptions d'opioïdes ont augmenté de 154% en dix ans. Que des milliers de médecins ont été systématiquement corrompus. Que les laboratoires utilisent exactement les mêmes stratégies qu'en Amérique. »

Le sourire de Delvaux se figea.

« Ces chiffres sont... sortis de leur contexte. »

« Quel contexte justifie une augmentation de 154% ? »

« Le vieillissement de la population. L'augmentation des maladies chroniques. Une meilleure prise en charge de la douleur. »

« Arrêtez. J'ai passé trois mois à interviewer des médecins, des patients, des chercheurs dans toute l'Europe. Je sais ce qui se passe. Vous savez ce qui se passe. La question est : pourquoi ne faites-vous rien ? »

Delvaux se leva, ramassant ses documents.

« Cette réunion est terminée. »

« L'Amérique compte 500 000 morts, » lâcha Damien. « Vous voulez porter cette responsabilité ? Combien de morts français faudra-t-il avant que vous admettiez le problème ? »

« Au revoir, monsieur Moretti. »

La porte claqua.

Bruxelles, Trois semaines plus tard

Damien avait passé vingt et un jours à compiler, vérifier, recouper. Sa chambre d'hôtel ressemblait à une war room : murs couverts de photos, de graphiques, de cartes. Des centaines de Post-it connectés par des fils rouges. Le portrait d'une catastrophe en mouvement.

Il contempla son travail. Tout était là.

La réplication de la stratégie américaine, étape par étape :

- 2010-2012 : Publication d'études biaisées dans le Lancet, BMJ, revues allemandes et françaises

- 2012-2015 : Formation de "leaders d'opinion" médecins payés pour former leurs pairs
- 2015-2018 : Déploiement commercial massif, multiplication des prescriptions
- 2018-2022 : Premiers signaux d'alarme ignorés ou minimisés

Les chiffres accablants :

- France : 154% d'augmentation, 2 800 morts par overdose en 2022 (vs 800 en 2012)
- Allemagne : 203% d'augmentation, 3 400 morts en 2022 (vs 900 en 2012)
- Royaume-Uni : 178% d'augmentation, 2 100 morts en 2022 (vs 600 en 2012)

Les zones déjà dévastées :

- Écosse : Possil Park, Dundee, quartiers ouvriers de Glasgow
- Angleterre : Nord de Manchester, Liverpool, anciennes zones minières
- Allemagne : Lichtenberg, Saxe, anciennes régions industrielles de l'Est
- France : banlieues de Lyon, Marseille, régions désindustrialisées du Nord

Les mécanismes identiques :

- Corruption légale de médecins via congrès, consultations, recherches
- Manipulation d'études scientifiques
- Lobbying intense auprès des institutions (AEM, ministères nationaux)

- Minimisation systématique des risques de dépendance
- Ciblage des populations vulnérables (pauvres, âgées, rurales)

Les témoignages convergents :

- Dr. MacKenzie (Glasgow) : « Nous sommes en 2007 version américaine »
- Pr. Thornton (Manchester) : « Dans dix ans, 100 000 morts britanniques »
- Dr. Hoffmann (Berlin) : « Augmentation de 2000% de patients dépendants »
- Dr. Arnaud (ex-PharmaCorp) : « Corruption systématique et planifiée »

La dissimulation institutionnelle :

- Rapport UK 2021 : « Pas de motif d'alarme »
- Ministère allemand : « Ne communiquez pas ces chiffres »
- DGS française : « Situation sous contrôle »

Damien s'assit sur le lit, épuisé. Son téléphone sonna. Amanda Chen, son éditrice à New York.

« Damien ? J'ai lu ton dernier envoi. C'est... monumentale. »

« C'est terrifiant, Amanda. Ils sont en train de le refaire. Exactement la même chose. »

« Ton papier sera en Une. Édition spéciale. On sort ça dans dix jours. »

« Dix jours ? Amanda, chaque jour qui passe, des gens meurent. »

« Je sais. Mais c'est trop gros. On doit vérifier chaque fait, chaque chiffre. Tu accuses des multinationales de corruption à échelle continentale, des gouvernements de dissimulation criminelle. Nos avocats sont sur le coup. Dix jours. »

Après avoir raccroché, Damien retourna à la fenêtre. Bruxelles s'étendait sous la pluie. Quelque part dans cette ville, dans des bureaux climatisés, des hommes en costume décidaient combien de morts étaient un "niveau acceptable de dommages collatéraux".

Son portable vibra. Message de Dr. Hoffmann.

« Nouveau patient aujourd'hui. 19 ans. Prescription initiale après opération du genou. Maintenant héroïne. Parents dévastés. C'est juste le début, n'est-ce pas ? »

Damien tapa sa réponse :

« Oui. Mais pas si je peux l'empêcher. »

Édimbourg, Écosse, Six jours plus tard

L'alerte Google arriva à 14h37 : "UK Government releases emergency report on opioid prescriptions." Le gouvernement britannique publie un rapport d'urgence sur les prescriptions d'opioïdes.

Damien cliqua. Son sang se glaça.

Le rapport de 340 pages reconnaissait enfin la réalité : augmentation massive des prescriptions, premiers signes de crise sanitaire, recommandations immédiates. Mais le ton général était rassurant : "Le Royaume-Uni a identifié le problème à temps", "Des mesures correctives sont déjà en place", "Nous ne connaîtrons pas une crise américaine".

Il appela immédiatement Dr. MacKenzie.

« Vous avez vu ? »

« Oui. » Sa voix était amère. « Une couverture de fesse. Ils admettent juste assez pour ne pas être accusés de dissimulation totale. »

« Ils vont vraiment agir ? »

« Regardez la page 287. Les "mesures recommandées". Formation des médecins. Surveillance renforcée. Campagnes d'information. Rien sur l'arrêt du marketing agressif. Rien sur les poursuites contre les laboratoires. Rien sur la corruption systémique. »

« Du vent. »

« Du vent. »

Damien raccrocha et se mit à écrire. Plus que quatre jours avant la publication. Mais cette course contre la montre n'était plus seulement journalistique. C'était une course contre la mort.

Paris, France, Jour de publication

Le New York Chronicle sortit son édition spéciale un mercredi matin. En Une, une photo choc : une femme écossaise tenant la photo de son fils, mort à 24 ans. Le titre en lettres géantes :

"THE EUROPEAN EPIDEMIC : BIG PHARMA'S SECOND MASSACRE"

L'épidémie européenne : le second massacre de Big Pharma

En France, Le Monde et Libération sortirent simultanément leurs propres enquêtes, alimentées par les données de Damien. Der Spiegel en Allemagne. The Guardian au Royaume-Uni. El País en Espagne.

En quarante-huit heures, l'Europe entière découvrait la vérité.

Épilogue du chapitre

Damien regardait les notifications exploser sur son téléphone. Interviews demandées. Réactions politiques. Démentis des laboratoires. Menaces d'avocats.

Mais aussi autre chose.

Des messages. Des centaines. Des milliers.

« Ma sœur est morte l'année dernière. Merci d'en parler. »

« Mon médecin m'a prescrit de l'OxyContin pendant trois ans. Je suis accro. Où puis-je trouver de l'aide ? »

« Je suis pharmacienne. Je vois ce que vous décrivez tous les jours. Merci de dire la vérité. »

« Mon fils a 17 ans. Il a commencé avec une prescription après un accident de sport. Aujourd'hui il vole pour acheter sa dose. Je me sens si seule. »

Il ferma les yeux. C'était trop tard pour certains. Mais peut-être pas pour tous.

Son téléphone sonna. Numéro masqué.

« Monsieur Moretti ? » Voix féminine, accent français. « Je travaille pour PharmaCorp France. Ce que vous avez publié... J'ai d'autres documents. Pires. Beaucoup pires. Il faut qu'on se voie. »

Damien attrapa son carnet.

« Où et quand ? »

La guerre ne faisait que commencer.

Note manuscrite trouvée dans les archives de Damien Moretti, datée du jour de publication :

« Aujourd'hui, j'ai révélé au monde que l'Europe marche exactement dans les pas de l'Amérique. Vers le même précipice. Dans dix ans, combien de morts ? 50 000 ? 100 000 ? 500 000 ?

Les laboratoires le savent. Les gouvernements le savent. Maintenant, le public le sait.

Mais savoir suffit-il ? L'Amérique savait. Ça n'a pas empêché le massacre.

Je repense à Frau Keller à Berlin. À Tommy McKay à Glasgow. À tous ces visages identiques, sur deux continents, séparés par quinze ans et un océan.

Même playbook. Mêmes mensonges. Mêmes morts.

La seule question qui reste : allons-nous laisser l'histoire se répéter ? Ou allons-nous enfin apprendre ?

Le décompte a commencé. La bombe à retardement tourne.

Cinq ans, ont dit les experts.

Je nous donne trois. »

CHAPITRE 10 Les lanceurs d'alerte : portraits de courage

Portland, Oregon, 23 septembre, 7h15

Carol Jenkins tremblait en tenant sa tasse de café. Pas à cause du froid. Pas à cause de la caféine. Mais parce que, dans vingt minutes, elle allait détruire sa vie.

Assise dans le parking d'un cabinet d'avocats spécialisé en actions collectives, elle regardait les huit cartons empilés sur le siège arrière de sa Honda. Huit années de documents. Emails. Directives internes. Scripts de vente. Listes de médecins ciblés. Quotas. Bonus. Mensonges.

Son téléphone vibra. Message de son ex-collègue Brad :

« *Carol, on sait tous ce que tu t'apprêtes à faire. Réfléchis. Tu as encore une carrière. Ne la fous pas en l'air.* »

Elle éteignit le téléphone. Trop tard pour réfléchir. Elle avait déjà trop réfléchi. Pendant trois ans, elle avait vécu avec cette conscience qui la rongeait. Chaque prescription qu'elle générait. Chaque médecin qu'elle manipulait. Chaque patient qu'elle contribuait à détruire.

Sa main se posa sur la poignée de la portière.

« Pardon, Kyle, » murmura-t-elle.

Kyle. Son neveu. Vingt-trois ans. Mort six mois plus tôt. Overdose de Fentanyl après avoir commencé avec de l'OxyContin prescrit pour une blessure au football. OxyContin qu'elle vendait. Qu'elle avait vendu à des centaines de médecins. Qui l'avaient prescrit à des milliers de patients.

Combien de Kyle avait-elle créés ?

Elle sortit de la voiture, attrapa le premier carton, et poussa la porte du cabinet.

Trois mois plus tôt : Cincinnati, Ohio

Quand Damien avait reçu le premier email de Carol, il avait pensé à un canular. Trop parfait. Une représentante commerciale de Purdue Pharma voulant tout dénoncer ? Avec des preuves ?

Mais le deuxième email contenait un document interne. Authentique. Explosif.

Le troisième contenait son numéro de téléphone et une phrase : « J'ai tué mon neveu. »

Ils s'étaient rencontrés dans un diner à la périphérie de Cincinnati. Carol avait quarante-deux ans, cheveux blonds tirés en queue de cheval, costume sombre. Elle aurait pu être n'importe quelle professionnelle. Sauf ses yeux. Ses yeux portaient un poids que Damien reconnaissait désormais : la culpabilité du complice qui se réveille.

« Merci d'être venu, » dit-elle en serrant sa tasse comme une bouée.

« Merci d'avoir eu le courage de m'appeler. »

« Le courage ? » Un rire amer. « Il n'y a pas de courage là-dedans. Juste de la lâcheté tardive. J'aurais dû parler il y a cinq ans. »

« Parlez-moi de votre parcours. »

Elle inspira profondément, et commença.

Le récit de Carol : 2008-2016

« J'ai été recrutée par Purdue Pharma en 2008. J'avais trente-quatre ans, je sortais d'un divorce, j'avais besoin d'argent. Ils offraient 75 000 dollars de base, plus commissions. Ça pouvait monter jusqu'à 150 000. »

Elle sortit un document plastifié.

« Ça, c'est mon contrat. Page 4, regardez la structure de bonus. Je touchais 500 dollars par médecin formé, 2% sur l'augmentation des prescriptions dans mon territoire, 10 000 dollars de prime si je dépassais les objectifs trimestriels. »

Damien nota les chiffres. Le salaire de Carol dépendait directement du nombre de gens drogués.

« La formation a duré trois semaines, » continua-t-elle. « Officiellement : "Programme de formation médicale avancée". En réalité : comment manipuler les médecins. »

Elle sortit un classeur épais.

« Manuel de formation interne. Page 67 : "Identifier le profil psychologique du médecin". Ils nous apprenaient à catégoriser les médecins. Type A : jeunes, ambitieux, sensibles à l'autorité scientifique. Type B : débordés, en recherche de solutions rapides. Type C : près de la retraite, désabusés, sensibles aux avantages financiers. »

« C'était écrit noir sur blanc ? »

« Regardez par vous-même. »

Damien lut. Des techniques de manipulation dignes d'un manuel de vente de voitures d'occasion. Sauf qu'ici, on vendait la mort.

« Page 89, » dit Carol. « Les "réponses aux objections courantes". »

Damien tourna les pages. Un dialogue scriptée :

Objection médecin : "Je m'inquiète du potentiel de dépendance."

Réponse recommandée : "C'est une préoccupation légitime docteur, et c'est justement pour cela que nos produits sont révolutionnaires. Les études montrent que le risque de dépendance avec l'OxyContin à libération prolongée est inférieur à 1%. Vous avez plus de risques de voir un patient développer une allergie à la pénicilline qu'une dépendance aux opioïdes quand ils sont correctement prescrits pour une vraie douleur."

« C'était un mensonge ? »

« Total. Complet. Criminel. » Carol serra les poings. « Mais on nous présentait ça comme de la science. Ils nous donnaient des études, des graphiques, des témoignages de médecins. Comment aurais-je su ? J'avais un diplôme de commerce, pas de médecine. »

« Quand avez-vous compris ? »

Son visage se décomposa.

« Progressivement. Puis brutalement. »

La prise de conscience

« Ça a commencé en 2012. Dr. Nathaniel Ross, médecin généraliste à Dayton. Un de mes meilleurs clients. Gentil, consciencieux, vraiment investi dans ses patients. Je lui avais fait suivre nos formations, je lui apportais des échantillons gratuits. Ses prescriptions d'OxyContin étaient passées de 15 par mois à 120 en deux ans. »

« Vous étiez fière ? »

Carol détourna les yeux.

« Oui. J'avais touché un bonus de 8 000 dollars grâce à lui. Puis un jour, je suis passée à son cabinet et... il pleurait. Derrière son bureau. Un homme de soixante ans, en larmes. »

Elle s'interrompit, la voix brisée.

« Je lui ai demandé ce qui n'allait pas. Il m'a montré un journal. Une patiente à lui, Jennifer Marks, vingt-neuf ans, deux enfants, était morte trois jours plus tôt. Overdose. Elle avait commencé avec une prescription d'OxyContin après une césarienne. Lui avait renouvelé l'ordonnance six fois. Elle en prenait quarante comprimés par jour quand elle est morte. »

« Qu'avez-vous dit ? »

« Rien. Qu'est-ce que je pouvais dire ? Je l'ai pris dans mes bras et je suis partie. Et pendant trois jours, je n'ai pas dormi. Parce que je savais. Je *savais* que cette mort était sur mes mains aussi. »

« Vous avez continué ? »

« Oui. » Le mot tomba comme une pierre. « J'ai continué pendant quatre ans. Parce que j'avais un crédit immobilier. Parce que je me disais que si ce n'était pas moi, ce serait quelqu'un d'autre. Parce que j'étais lâche. »

« Qu'est-ce qui a changé ? »

« Kyle. »

Le point de rupture

« Mon neveu Kyle était mon filleul. Je l'avais vu grandir. Gamin joyeux, adolescent brillant, athlète prometteur. Football américain, linebacker. Bourse universitaire à Ohio State. Avenir doré. »

Elle sortit une photo. Un jeune homme souriant, maillot de football, muscles saillants.

« En 2015, blessure au genou pendant un match. Chirurgie reconstructive. Le chirurgien lui prescrit de l'OxyContin pour la douleur post-opératoire. Un mois de traitement. »

Damien connaissait la suite. Il l'avait entendue cent fois. Mais il laissa Carol parler.

« Un mois est devenu deux. Deux sont devenus six. Kyle a commencé à aller voir d'autres médecins. À falsifier des ordonnances. Sa mère, ma sœur Lisa, m'a appelée, paniquée. "Carol, tu travailles dans les médicaments, tu peux nous aider ?" »

Les larmes coulaient maintenant.

« Je suis allée le voir. Il était... détruit. Trente livres en moins. Yeux vides. Mains tremblantes. Il m'a supplié de l'aider à obtenir plus de pilules. Mon filleul. Qui m'avait suppliée. »

« Qu'avez-vous fait ? »

« On l'a mis en désintox. Clinique privée, 40 000 dollars. Il a tenu deux mois. Puis rechute. Désintox à nouveau. Rechute. À la troisième rechute, il est passé à l'héroïne. Moins cher. Plus facile à trouver. »

Elle ferma les yeux.

« Le 12 mars 2016, Lisa m'a appelée à 6h du matin. Kyle était mort dans sa chambre. Overdose de Fentanyl coupé dans l'héroïne. Vingt-trois ans. »

Silence.

« Aux funérailles, j'ai vu le cercueil. J'ai vu ma sœur effondrée. Et j'ai su. Je *savais* que j'avais contribué à ça. Pas directement. Mais j'avais vendu le poison. J'avais menti aux médecins. J'avais touché mes bonus pendant que des gamins mouraient. »

« C'est là que vous avez décidé de parler ? »

« Non. Même pas. J'ai encore attendu six mois. Parce que je suis lâche. J'ai attendu de ne plus pouvoir me regarder dans un miroir. »

La décision

« En septembre 2016, j'ai contacté un cabinet d'avocats spécialisé dans les actions collectives contre les laboratoires pharmaceutiques. J'ai dit : "Je travaille pour Purdue Pharma. J'ai des documents. Je veux témoigner." »

« Leur réaction ? »

« Méfiance. Ils voulaient savoir si j'étais vraiment prête à aller jusqu'au bout. Parce que Purdue ne laisserait pas passer. Ils m'ont expliqué ce que ça signifiait : licenciement, poursuites judiciaires, harcèlement, blacklistage professionnel, peut-être même danger physique. »

« Vous avez hésité ? »

« Dix secondes. Puis j'ai pensé à Kyle. »

Elle sortit une enveloppe kraft.

« Le 23 septembre 2016, j'ai apporté huit cartons de documents au cabinet Williams & Connolly. Emails internes, directives de vente, listes de médecins ciblés, quotas de prescriptions, budgets de corruption, études biaisées. Huit années d'archives complètes. »

« Comment les avez-vous obtenues ? »

« J'étais représentante senior. J'avais accès à presque tout. Les derniers mois, j'ai systématiquement copié tous les documents sensibles. Clé USB. Cloud personnel. Impression tardive au bureau. »

« C'était risqué. »

« J'étais déjà morte à l'intérieur. Qu'est-ce que je risquais de plus ? »

Les représailles : Automne 2016

« Le 27 septembre, quatre jours après mon témoignage aux avocats, j'ai été convoquée par ma direction régionale. Officiellement : "Évaluation de performance trimestrielle". »

Carol sortit un email.

« Regardez. Message de mon manager, Steve Kincaid : "Carol, réunion urgente vendredi 14h, bureau central Cleveland. Merci de préparer un rapport détaillé de tes activités des six derniers mois." »

« Ils savaient ? »

« Quelqu'un avait parlé. Peut-être un collègue qui m'avait vue sortir les cartons. Peut-être une fuite chez les avocats. Peut-être une surveillance. Je ne sais pas. »

« Vous y êtes allée ? »

« Mon avocat m'a conseillé de ne pas y aller. Mais j'ai quand même appelé Kincaid. Conversation enregistrée avec son accord. »

Elle sortit une transcription.

« Écoutez ça. »

Damien lut :

KINCAID : Carol, nous avons entendu des rumeurs inquiétantes.

JENKINS : Quel genre de rumeurs ?

KINCAID : Que tu aurais parlé à des avocats. Que tu aurais pris des documents confidentiels.

JENKINS : Et si c'était vrai ?

KINCAID : Carol... réfléchis. Tu as une belle carrière. Un bon salaire. Un avenir chez Purdue. Pourquoi tout jeter ? Pour quoi ? Pour qui ?

JENKINS : Pour mon neveu. Et tous les autres.

KINCAID : Ton neveu avait des problèmes personnels. Ce n'est pas la faute de Purdue.

JENKINS : Des problèmes créés par notre produit.

KINCAID : [Long silence] Carol, je vais être direct. Si tu continues sur cette voie, nous devrons protéger l'entreprise. Tu comprends ce que ça signifie ?

JENKINS : Menaces ?

KINCAID : Conséquences. Légales. Financières. Professionnelles. Tu as signé des clauses de confidentialité. Tu as accepté de protéger nos secrets commerciaux. On a les meilleurs avocats du pays. Ils vont te détruire.

JENKINS : Essayez.

KINCAID : Carol...

JENKINS : Cette conversation est terminée.

« Vous avez raccroché ? »

« Oui. En tremblant comme une feuille. Mais j'ai raccroché. »

« Et ensuite ? »

« Le 2 octobre, j'ai reçu une lettre de licenciement. Motif : "Performances insuffisantes et violation des protocoles internes". Indemnité : zéro dollar. Ils invoquaient une "faute grave" qui annulait mon contrat. »

« Légal ? »

« Non. Mais combattre ça nécessitait des avocats, du temps, de l'argent. Exactement ce qu'ils savaient que je n'avais pas. »

Elle continua, voix monocorde.

« Le 5 octobre, mise en demeure. Purdue Pharma me réclamait 500 000 dollars pour "vol de propriété intellectuelle et violation de confidentialité". »

« Vous aviez 500 000 dollars ? »

« J'avais 12 000 dollars d'économies. »

« Ensuite ? »

« Le 8 octobre, appel anonyme à 3h du matin. Voix déformée électroniquement : "Ferme ta gueule ou on te ferme définitivement." »

« Vous avez contacté la police ? »

« Oui. Ils ont pris ma déposition. Jamais rien fait. Numéro intraçable. Aucune preuve. »

« Ça a continué ? »

« Pendant six mois. Appels nocturnes. Voiture vandalisée. Ordures déversées devant ma porte. Deux fois, quelqu'un a essayé de forcer ma serrure. »

« Purdue ? »

« Impossible à prouver. Mais qui d'autre ? »

La descente

« Le pire n'était pas les menaces. C'était l'isolement. »

Carol sortit un mouchoir.

« Mes anciens collègues ont tous cessé de me parler. Blackout complet. Certains que je considérais comme des amis. Disparus. »

« Peur des représailles ? »

« Probablement. Mais le résultat était le même. Du jour au lendemain, j'étais une paria. »

« Votre famille ? »

« Lisa me soutenait. Mais d'autres... mon frère ne m'a pas parlé pendant un an. Pour lui, j'avais trahi mon employeur. "On ne balance pas sa boîte, même si elle fait de la merde." Mentalité américaine. »

« Financièrement ? »

« Cauchemar. Sans salaire, avec des dettes d'avocat qui montaient, face à une poursuite de 500 000 dollars... En trois mois, j'ai vidé mes économies. J'ai dû vendre ma maison. Déménager dans un appartement minable. »

« Vous avez pensé à abandonner ? »

« Tous les jours. Toutes les nuits. »

« Pourquoi vous ne l'avez pas fait ? »

Elle montra la photo de Kyle.

« Parce que si j'abandonnais, sa mort ne signifiait rien. »

Pendant que Damien écoutait Carol, il ne pouvait s'empêcher de penser aux autres. Les autres lanceurs d'alerte qu'il avait rencontrés. Tous avaient payé le même prix. Tous avaient fait le même choix impossible.

Dr. Steven Park : Le chercheur qui a tout perdu

Damien avait rencontré Steven Park dans un café de Boston, près de l'université où il avait autrefois dirigé un laboratoire de recherche prestigieux. "Autrefois" était le mot clé.

« J'étais professeur associé à Harvard Medical School, » expliqua Park, homme de cinquante-trois ans aux tempes grisonnantes. « Spécialiste de la douleur chronique. Publications dans Nature, Lancet, JAMA. Financements de recherche de 3 millions de dollars par an. »

« Jusqu'à ? »

« Jusqu'à ce que je découvre que mes collègues trafiquaient leurs données. »

Il sortit un article scientifique.

« 2013. Étude sur l'efficacité de l'OxyContin pour les douleurs lombaires chroniques. Auteur principal : Pr. David Feldman, mon directeur de département. Financée par Purdue Pharma à hauteur de 800 000 dollars. »

« Résultats ? »

« Miraculeux. L'OxyContin réduisait la douleur de 60%, améliorait la qualité de vie, avec des taux de dépendance négligeables.

L'étude a été citée des centaines de fois. Utilisée pour justifier l'augmentation des prescriptions. »

« Truquée ? »

« Complètement. J'étais chercheur junior sur le projet. Un jour, j'ai voulu vérifier les données brutes pour ma propre recherche. Et j'ai découvert... »

Il s'interrompit, mâchoires serrées.

« Quoi ? »

« Les résultats avaient été filtrés. Sur 240 patients initiaux, seuls 180 apparaissaient dans l'étude finale. Où étaient les 60 autres ? »

Damien comprit immédiatement.

« Ceux qui avaient développé une dépendance. »

« Exactement. Et ce n'est pas tout. Les scores de douleur avaient été "réinterprétés". Les abandons de traitement avaient été reclassés en "guérisons". Les effets secondaires graves étaient notés comme "mineurs et transitoires". »

« Science-fiction. »

« Fraude scientifique pure. J'ai confronté Feldman. Il m'a dit : "C'est comme ça que ça marche, Steven. Bienvenue dans la recherche moderne." »

« Vous avez signalé ? »

« J'ai contacté le comité d'éthique de Harvard. J'ai fourni toutes les preuves. Données brutes. Versions successives du manuscript. Emails montrant que Purdue dictait les conclusions. »

« Réaction ? »

Park eut un rire amer.

« Enquête interne. Secrète. Conclusion six mois plus tard : "Aucune faute professionnelle détectée. Méthodologie acceptable dans les standards de la recherche pharmaceutique." »

« Ils ont enterré. »

« Pire. Deux semaines après, j'ai perdu mes financements de recherche. Tous. D'un coup. Les fondations ont soudainement décidé que mon travail "n'était plus prioritaire". »

« Purdue ? »

« Impossible à prouver. Mais ces fondations recevaient des donations massives de Purdue et autres labos pharma. »

« Ensuite ? »

« Harvard ne m'a pas renouvelé mon contrat. Officiellement : "Restructuration du département". En réalité : je savais trop. »

« Vous avez trouvé ailleurs ? »

« J'ai postulé à vingt-trois universités. Vingt-trois refus. Dans notre milieu, tout le monde parle. J'étais marqué : trouble-maker, whistleblower, risque. »

« Aujourd'hui ? »

« Je suis consultant indépendant. Je gagne un quart de ce que je gagnais. Je vis dans un deux-pièces. Mes anciennes collègues traversent la rue pour ne pas me croiser. »

« Regrets ? »

Steven Park regarda par la fenêtre, puis se tourna vers Damien.

« Tous les jours, je regrette d'avoir attendu si longtemps avant de parler. Mais parler ? Non. Jamais. »

Tom Brennan : Le pharmacien qui a dit non

Tom Brennan avait accepté de rencontrer Damien dans son petit appartement de Portsmouth, Ohio. Ancien propriétaire d'une pharmacie prospère, il vivait maintenant de l'assurance chômage.

« Regardez ça, » dit-il en montrant une photo encadrée. Une pharmacie avec une grande vitrine : "Brennan Family Pharmacy, Serving Portsmouth since 1987."

« Troisième génération. Mon grand-père l'avait ouverte. Mon père l'avait développée. J'allais la transmettre à mon fils. »

« Qu'est-ce qui s'est passé ? »

« 2014. Soudain, énorme augmentation des prescriptions d'OxyContin dans la région. Purdue venait d'intensifier son marketing. En six mois, mes commandes d'opioïdes ont triplé. »

« Bon pour les affaires ? »

« Incroyablement. Mais quelque chose ne collait pas. Je voyais les mêmes patients revenir toutes les semaines. Même médecin. Même prescription. Doses qui augmentaient. »

Il sortit un registre.

« J'ai commencé à noter. Patient A : janvier 2014, 30mg par jour. Juin 2014 : 120mg. Décembre 2014 : 300mg. Ce n'était plus de la médecine. C'était de la dépendance organisée. »

« Vous avez fait quoi ? »

« J'ai refusé de remplir certaines prescriptions. Quand c'était trop suspect, trop dangereux, je disais non. »

« Réaction ? »

« Enfer. Les patients devenaient agressifs. Un type a menacé de me casser la gueule. Une femme a pleuré pendant une heure devant mon comptoir. »

« Les médecins ? »

« Pire. Dr. Hamilton m'a appelé : "Qui es-tu pour remettre en question mes décisions médicales ?" Je lui ai dit : "Un pharmacien qui a prêté serment de ne pas nuire." Il a raccroché. »

« Ensuite ? »

« J'ai contacté la DEA. J'ai signalé trois médecins pour surprescription suspecte. J'ai fourni mes registres, mes notes, tout. »

« Ils ont enquêté ? »

« Agent Valdez est venue. Femme compétente, consciencieuse. Elle a tout pris en note. Promis de faire remonter. »

« Et ? »

« Rien. Absolument rien. Six mois de silence. Puis un courrier standard : "Merci pour votre signalement. Après investigation, aucune action nécessaire." »

« Comment ? »

« J'ai rappelé Valdez. Elle m'a dit, je cite : "On m'a ordonné de classer le dossier. De laisser tomber. Mes supérieurs disent que c'est hors de notre juridiction." »

Tom serra les poings.

« Mais le pire était à venir. Deux mois après, inspections surprises. Trois fois en un mois. DEA, inspecteurs d'État, contrôle fiscal. Tous cherchaient la moindre irrégularité. »

« Harcèlement administratif. »

« Exactement. Et ils ont trouvé. Un défaut de traçabilité sur un lot de codéine. Erreur mineure, normalement sanctionnée par un avertissement. »

« Mais ? »

« Suspension de licence. Immédiate. Appel rejeté. La pharmacie a dû fermer. Soixante-huit ans d'histoire familiale. Terminé. »

« Aujourd'hui ? »

« Ma maison est saisie. Mon mariage a explosé. Mon fils ne me parle plus. Il dit que j'ai détruit son héritage par entêtement. »

Sa voix se brisa.

« Peut-être qu'il a raison. Peut-être que j'aurais dû fermer ma gueule et remplir les ordonnances. »

« Vous le pensez vraiment ? »

Long silence.

« Non. Si c'était à refaire, je le referais. Mais bordel, que c'est dur. »

Agent Sarah Valdez, l'inspectrice DEA mutée

Sarah Valdez avait accepté de témoigner sous condition d'anonymat relatif. Damien la rencontra dans un parc de Baltimore, loin de son ancien bureau de la DEA.

« Je ne devrais pas vous parler, » dit-elle d'emblée. « J'ai signé des accords de confidentialité. »

« Mais vous êtes là. »

« Parce que je ne peux plus me taire. »

Elle lui raconta son histoire. Agent DEA depuis quinze ans, spécialiste du détournement pharmaceutique. En 2015, elle avait commencé à enquêter sur un réseau de distribution d'OxyContin en Ohio et Virginie-Occidentale.

« Les chiffres étaient délirants. Une pharmacie de 3000 habitants qui commandait 9 millions de comprimés d'opioïdes par an. Mathématiquement impossible pour un usage médical légitime. »

« Trafic évident. »

« Évident. J'ai remonté la chaîne. La pharmacie était approvisionnée par un distributeur régional. Le distributeur par McKesson Corporation, un des plus gros grossistes pharmaceutiques du pays. Et McKesson achetait à Purdue et autres fabricants. »

« Tout le monde savait. »

« Tout le monde savait et tout le monde touchait sa part. J'ai documenté tout. Flux de livraisons. Volumes aberrants. Absence de contrôle. Commissions sur les ventes. »

« Vous avez proposé des inculpations ? »

« Oui. Contre la pharmacie, le distributeur, et recommandation d'enquête approfondie sur les fabricants. »

« Résultat ? »

Son visage se durcit.

« Mon superviseur m'a convoquée. "Sarah, beau travail, mais on va réorienter tes efforts." Je lui ai demandé pourquoi. Il m'a regardée dans les yeux et a dit : "Parce que les grosses compagnies pharmaceutiques ont de gros avocats et des amis haut placés. On ne peut pas gagner." »

« Il a dit ça explicitement ? »

« Mot pour mot. »

« Vous avez insisté ? »

« J'ai écrit un rapport détaillé. Je l'ai envoyé au-dessus de mon superviseur. Au directeur régional. Puis au siège à Washington. »

« Réponse ? »

« Mutation. Trois semaines plus tard. De mon bureau d'enquête en Virginie-Occidentale vers un poste administratif à Baltimore. "Réaffectation pour optimisation des ressources". »

« Placard. »

« Exactement. Plus d'enquêtes. Plus de terrain. Je traite des paperasses. »

« Vous êtes toujours à la DEA ? »

« Techniquement. Mais ma carrière est finie. À quarante-deux ans. »

« Vous pourriez démissionner, témoigner publiquement. »

« Et perdre ma pension. Être poursuivie pour violation de confidentialité. Blacklistée professionnellement. » Elle secoua la tête. « J'ai deux enfants à l'université. Je ne peux pas. »

« Mais vous me parlez. »

« Anonymement. C'est tout ce que je peux faire. Et ça me ronge. »

Les victoires, Tardives mais réelles

De retour dans sa chambre d'hôtel, Damien compila les histoires. Quatre personnes. Quatre vies détruites. Quatre actes de courage qui avaient coûté carrière, argent, famille, paix.

Mais il y avait autre chose. Une lueur dans l'obscurité.

Carol l'appela trois semaines après leur première rencontre.

« Damien ? Les avocats viennent de m'appeler. L'action collective contre Purdue... ils vont accepter un accord. »

« Combien ? »

« 600 millions de dollars. Dont 15% pour les lanceurs d'alerte selon la loi fédérale. »

Damien calcula.

« 90 millions. Partagés entre combien ? »

« Douze lanceurs d'alerte. »

« Carol, ça vous fait... »

« 7,5 millions de dollars. »

Silence.

« Je ne sais pas quoi dire, » murmura-t-elle. « C'est... »

« C'est la reconnaissance. Tardive. Insuffisante. Mais réelle. »

« Ça ne ramènera pas Kyle. »

« Non. Mais ça prouve que vous aviez raison. »

Elle pleura au téléphone. Damien l'entendit, et laissa le silence parler.

Épilogue du chapitre, Six mois plus tard

Damien organisa une rencontre. Carol, Steven Park, Tom Brennan. Trois lanceurs d'alerte dans un restaurant discret de Washington DC.

Sarah Valdez ne pouvait pas venir. Trop risqué.

Ils parlèrent pendant quatre heures. De ce qu'ils avaient perdu. De ce qu'ils avaient gagné. Du prix de la vérité.

« Est-ce que ça en valait la peine ? » demanda finalement Damien.

Carol regarda ses deux compagnons.

« Tu sais ce qui est étrange ? Avant, j'avais de l'argent mais je ne pouvais pas me regarder dans un miroir. Maintenant, je peux. »

Steven hocha la tête.

« J'ai perdu Harvard. Mais j'ai gardé mon intégrité. Dans vingt ans, qu'est-ce qui comptera vraiment ? »

Tom resta silencieux un moment.

« Ma pharmacie est fermée. Mais je dors la nuit. Pour la première fois depuis des années. »

Damien prit des notes. Ces mots-là devaient être publiés.

En partant, Carol lui serra la main.

« Vous savez pourquoi on vous raconte tout ça ? »

« Pour que la vérité sorte. »

« Non. » Elle sourit tristement. « Pour que d'autres trouvent le courage de parler. Parce que si nous pouvions le faire, n'importe qui peut le faire. »

Note finale trouvée dans les archives de Damien Moretti :

« J'ai rencontré des héros. Pas des héros de cinéma. Des héros ordinaires qui ont fait un choix extraordinaire : dire la vérité quand mentir aurait été plus facile.

Carol qui a perdu sa carrière mais trouvé sa rédemption.

Steven qui a perdu son laboratoire mais gardé sa conscience.

Tom qui a perdu sa pharmacie mais sauvé son âme.

Sarah qui ne peut pas parler mais parle quand même.

Leur courage m'a montré quelque chose : face au mal institutionnalisé, face aux corporations qui préfèrent les profits aux vies, face aux gouvernements qui regardent ailleurs, la résistance commence toujours par un individu qui dit : "Non. Plus maintenant."

Ces personnes ont payé un prix terrifiant. Mais elles ont prouvé qu'on peut résister.

L'histoire les jugera en héros.

Moi, je les appelle simplement : braves. »

Post-scriptum : 2023

Carol Jenkins a utilisé une partie de son indemnité pour créer une fondation d'aide aux victimes de la crise des opioïdes, portant le nom de Kyle.

Dr. Steven Park a été réhabilité en 2022. Harvard lui a présenté des excuses publiques et proposé un poste de professeur émérite. Il a décliné.

Tom Brennan a racheté une petite pharmacie dans le Montana. Il refuse toujours de remplir les prescriptions suspectes.

Agent Sarah Valdez a pris sa retraite anticipée de la DEA en 2021. Elle témoigne maintenant publiquement lors de procès contre les laboratoires pharmaceutiques.

Ils ont gagné. Mais à quel prix.

CHAPITRE 11 : Procès du siècle : la justice face à Big Pharma

Tribunal fédéral de White Plains, New York, 18 janvier, 9h00

La salle d'audience 302 était bondée. Damien s'était installé au troisième rang, carnet ouvert, stylo en main. Autour de lui, des dizaines de familles de victimes, des journalistes du monde entier, des avocats aux attachés-cases luisants. Devant, séparés par l'allée centrale comme deux armées face à face, les deux camps.

À gauche, l'équipe des plaignants. Quinze avocats représentant 2 300 municipalités américaines, des États, des familles. Des cabinets de taille moyenne, quelques grands noms du barreau militant. Costumes corrects, dossiers épais, visages tendus.

À droite, l'armada de la défense. Purdue Pharma avait aligné quarante-trois avocats. Damien les avait comptés. Quarante-trois. Des juristes de chez Davis Polk & Wardwell, un des cabinets les plus prestigieux et les plus chers de Manhattan. Tarif horaire moyen : 1 500 dollars. Costumes sur mesure, montres Rolex, assurance tranquille des gens qui savent qu'ils ont les ressources infinies.

« All rise. »

Le juge Colleen McMahon entra. Femme d'une soixantaine d'années, cheveux gris coupés court, regard d'acier. Elle s'assit, balaya la salle du regard.

« Nous sommes ici pour l'affaire *United States of America et al. v. Purdue Pharma L.P. et al.* » Sa voix résonna dans le silence absolu. « Avant de commencer, je veux être claire. Ce tribunal ne sera pas un cirque. Les faits. Les preuves. Le droit. Rien d'autre. »

Elle pointa les avocats de la défense.

« Maître Branson, votre client fait face à des accusations de fraude, marketing trompeur, corruption, et complicité dans la création d'une crise sanitaire ayant causé des centaines de milliers de morts. J'espère que vous comprenez la gravité. »

Lawrence Branson se leva. Soixante-cinq ans, costume Brioni, lunettes en écaille.

« Votre Honneur, Purdue Pharma a toujours agi dans le strict respect de la loi et des régulations de la FDA. Nous contestons fermement ces accusations infondées. »

Dans le public, quelqu'un cria : « Menteur ! »

Le juge frappa de son marteau.

« Ordre ! » Elle se tourna vers les familles. « Je comprends votre douleur. Mais il y a des règles. »

Damien observait. Le procès n'avait même pas commencé que les lignes de bataille étaient tracées. D'un côté, l'émotion brute. De l'autre, la mécanique légale froide.

Bureaux de Williams & Connolly, Washington DC, Trois mois plus tôt

Damien avait rencontré Paul Hanly, l'un des avocats principaux de l'accusation, dans son bureau encombré de documents. Des cartons empilés jusqu'au plafond. Des Post-it partout. Des graphiques punaisés aux murs.

« Vous voyez ça ? » dit Hanly, homme de cinquante-huit ans aux cheveux en bataille. « Trois ans de préparation. 47 000 pages de documents. 2 300 dépositions. 850 experts. Et vous savez ce que Purdue a fait ? »

« Quoi ? »

« Ils ont déposé 1 743 motions dilatoires. »

Damien nota le chiffre.

« Mille sept cent quarante-trois ? »

« Motion pour rejeter pour vice de forme. Motion pour changement de juridiction. Motion pour disqualification de nos experts. Motion pour report. Motion pour division des procédures. Motion pour confidentialité. Motion pour révision. Motion pour clarification. Motion pour... » Il s'interrompit. « Vous comprenez ? »

« Stratégie d'épuisement. »

« Exactement. Chaque motion doit être argumentée, contre-argumentée, jugée. Ça prend des semaines, des mois. Leurs avocats facturent 15 millions de dollars par mois. Ils peuvent tenir éternellement. Nous ? Nous travaillons au succès. Si on perd, on ne touche rien. »

« Combien avez-vous investi ? »

« Notre cabinet ? 23 millions de dollars de nos fonds propres. Si on perd, on fait faillite. »

« C'est du chantage judiciaire. »

« Bienvenue dans la justice américaine moderne. »

Hanly sortit un document.

« Regardez ça. Offre d'accord à l'amiable. Reçue il y a deux semaines. »

Damien lut :

« *Purdue Pharma propose un règlement global de 450 millions de dollars, répartis sur 10 ans, sans reconnaissance de responsabilité, en échange de l'abandon de toutes poursuites actuelles et futures, avec clause de confidentialité stricte.* »

« Vous avez refusé ? »

« Évidemment. Vous savez combien Purdue a gagné avec l'OxyContin ? 35 milliards de dollars. 35 milliards. Et ils proposent 450 millions, sans même admettre leur culpabilité ? »

« Ils pensent que vous allez craquer. »

« Ils espèrent. » Hanly serra les poings. « Mais ils ne connaissent pas les gens avec qui je travaille. »

Tribunal de White Plains, Jour 3 du procès

Le juge McMahon appela le premier témoin de l'accusation.

« Madame Schneider, approchez. »

Ellen Schneider se leva des bancs du public. Femme de quarante-sept ans, cheveux bruns, visage marqué par le chagrin. Elle s'avança vers la barre, prêta serment d'une voix tremblante.

Paul Hanly se leva pour l'interroger.

« Madame Schneider, pouvez-vous nous dire qui était Brian ? »

« Mon fils. » Sa voix se brisa. « Mon fils unique. »

« Quel âge avait-il ? »

« Vingt-deux ans quand il est mort. »

« Pouvez-vous nous raconter ce qui s'est passé ? »

Ellen inspira profondément, serra le mouchoir dans ses mains.

« En 2012, Brian a eu un accident de moto. Fracture du fémur. Chirurgie. Le chirurgien lui a prescrit de l'OxyContin pour la douleur. Un mois de traitement. »

« Et ensuite ? »

« Le mois est devenu deux. Puis trois. Brian me disait qu'il avait encore mal, qu'il avait besoin des médicaments. Je ne savais pas... » Les larmes coulaient. « Je ne savais pas qu'il était dépendant. »

« Quand l'avez-vous réalisé ? »

« Quand j'ai trouvé des bouteilles vides cachées dans sa chambre. Quand il a commencé à voler de l'argent. Quand il a vendu sa voiture pour acheter des pilules au marché noir. »

« Vous avez essayé de l'aider ? »

« Trois cures de désintoxication. Qui ont coûté tout ce que j'avais. 120 000 dollars. » Elle regarda vers les avocats de Purdue. « Il essayait. Il *voulait* arrêter. Mais c'était plus fort que lui. »

« Que s'est-il passé le 14 mars 2015 ? »

Silence. Ellen ferma les yeux.

« Je suis rentrée du travail. J'ai trouvé Brian dans la salle de bain. Il ne respirait plus. Il y avait... » Elle sanglota. « Il y avait une seringue à côté de lui. Il était passé à l'héroïne parce que les pilules coûtaient trop cher. »

« Madame Schneider, je sais que c'est difficile, mais j'ai une dernière question. Si le médecin de Brian avait su que l'OxyContin créait une dépendance massive, pensez-vous qu'il l'aurait prescrit ? »

Lawrence Branson bondit.

« Objection ! Spéculation ! »

« Reformulez, Maître Hanly, » dit le juge.

« Madame Schneider, le médecin de Brian vous a-t-il dit que l'OxyContin était dangereux ? »

« Non. Il a dit que c'était sûr. Que le risque de dépendance était minime. Qu'on pouvait faire confiance. » Elle leva les yeux vers le juge. « Il a menti. Ou on lui a menti. »

« Merci, Madame Schneider. »

Branson se leva pour le contre-interrogatoire.

« Madame Schneider, toutes mes condoléances pour votre perte. » Ton professionnel, distant. « Votre fils avait-il des antécédents de consommation de drogues avant son accident ? »

« Objection ! » cria Hanly. « Pertinence ? »

« Votre Honneur, nous établissons le contexte. »

« Répondez, Madame Schneider, » dit le juge.

« Brian avait fumé du cannabis au lycée. Comme la moitié de sa classe. »

« Donc il avait une propension aux substances addictives. »

« Non ! » Ellen se redressa. « Brian était un gamin normal ! Ce sont vos médicaments qui... »

« Madame Schneider, n'est-il pas vrai que votre fils a falsifié des ordonnances ? »

« Parce qu'il était désespéré ! »

« N'est-il pas vrai qu'il a volé ? »

« Parce qu'il était accro à ce que *vous* vendez ! »

« Madame Schneider, n'est-il pas vrai que son choix de passer à l'héroïne était *son* choix, et non celui de Purdue Pharma ? »

« Vous... » Elle tremblait de rage. « Vous êtes des monstres. »

Branson, imperturbable :

« Pas d'autres questions. »

Ellen quitta la barre en pleurs. Dans le public, des dizaines de personnes sanglotaient avec elle.

Damien écrivait furieusement. Ce n'était pas un procès. C'était une machine à broyer l'humanité.

Coulisses du tribunal, Pause déjeuner

Damien attrapa Paul Hanly dans le couloir.

« Leur stratégie est de détruire les victimes ? »

« Leur stratégie est de transformer chaque décès en "responsabilité individuelle". Pas la faute du médicament. La faute de l'utilisateur. »

Hanly serra les dents. « Et ça marche. Devant un jury, ça sème le doute. »

« Vous pouvez contrer ? »

« On a 847 témoins comme Ellen. On a des documents internes prouvant que Purdue savait. On a des scientifiques qui vont démontrer la manipulation. Mais... » Il hésita.

« Mais ? »

« Mais eux ont le temps et l'argent. Et nous, ni l'un ni l'autre. »

Jour 12 du procès, Témoignage expert

Dr. Andrew Kolodny, directeur de Physicians for Responsible Opioid Prescribing, prit place à la barre. Addictologue renommé, il avait passé vingt ans à traiter des patients dépendants.

Hanly l'interrogea :

« Docteur Kolodny, quelle est votre opinion professionnelle sur les affirmations de Purdue Pharma selon lesquelles le risque de dépendance à l'OxyContin était inférieur à 1% ? »

« C'est un mensonge criminel. » Réponse directe, sans détour.

« Pouvez-vous développer ? »

« Les études sur lesquelles Purdue s'est basée étaient soit tronquées, soit sorties de leur contexte, soit carrément inventées. Les données réelles montrent que 15 à 30% des patients développent une dépendance après utilisation prolongée d'opioïdes. »

« Quinze à trente pour cent ? »

« Minimum. Certaines études montrent jusqu'à 50% pour des utilisations de plus de trois mois. »

« Purdue le savait ? »

Kolodny sortit un document.

« Cet email interne, daté de 2001, provient de leur directeur scientifique. Je cite : "Nos données de pharmacovigilance montrent des taux de dépendance préoccupants. Recommandation : ajuster notre communication marketing pour minimiser cette information." »

Murmures dans la salle.

« Ils le savaient et ils ont menti, » résuma Hanly.

« Objection ! » Branson se leva. « Le témoin interprète. »

« J'accepte l'objection, » dit le juge. « Le jury tirera ses propres conclusions. »

Branson attaqua au contre-interrogatoire :

« Docteur Kolodny, n'est-il pas vrai que vous avez un parti pris contre l'industrie pharmaceutique ? »

« J'ai un parti pris contre le mensonge et la mort. »

« Vous avez témoigné contre plusieurs laboratoires dans différents procès, n'est-ce pas ? »

« Oui. »

« Et vous avez été payé pour ces témoignages. »

« J'ai été rémunéré pour mon temps et mon expertise, comme tout expert. »

« Combien ? »

« 400 dollars de l'heure. »

« Donc vous avez un intérêt financier à témoigner contre l'industrie pharmaceutique. »

Kolodny se pencha en avant.

« Maître, savez-vous combien l'industrie pharmaceutique m'a proposé pour que je *ne* témoigne *pas* ? Deux millions de dollars. Comme consultant. J'ai refusé. Alors parlons d'intérêt financier. »

Branson marqua une pause. Damien vit le calcul dans ses yeux. Continuer risquait d'empirer la situation.

« Pas d'autres questions. »

Jour 47 du procès, Document explosif

L'accusation présenta le document que tout le monde attendait. Un email de Richard Sackler, président de Purdue Pharma, daté du 17 février 2001.

Hanly le lut à haute voix :

« Nous devons marteler le message : OxyContin est sûr et efficace. Tout médecin qui hésite doit être "rééduqué". Objectif : doubler les

prescriptions d'ici 2005. L'opposition à nos produits vient de gens qui ne comprennent pas la science de la douleur. Il faut les détruire. »

Silence de mort dans la salle.

« "Les détruire", » répéta Hanly. « Monsieur Sackler parlait de médecins, de scientifiques, de régulateurs qui osaient questionner l'OxyContin. Les détruire. »

Il se tourna vers le jury.

« Mesdames et messieurs, c'est la mentalité d'une entreprise criminelle. Pas d'une compagnie pharmaceutique respectable. »

Branson tenta de minimiser :

« Un email, sorti de son contexte, écrit dans un moment d'énervement... »

« Voulez-vous dire que Richard Sackler ne pensait pas ce qu'il écrivait ? » coupa Hanly.

« Je dis que les mots peuvent être mal interprétés. »

« Alors appelons Monsieur Sackler à la barre pour qu'il nous explique. »

Moment de flottement. Tous les regards se tournèrent vers les avocats de la défense.

« Monsieur Sackler n'est pas disponible pour témoigner, » dit finalement Branson.

« Pas disponible ? » Le juge McMahon fronça les sourcils. « Où est-il ? »

« Actuellement en résidence à Gstaad, Suisse. »

« Convenez-vous qu'il est hors de la juridiction de cette cour ? »

« Temporairement, Votre Honneur. »

Hanly explosa :

« Temporairement ? Monsieur Sackler a quitté les États-Unis il y a six mois ! Il se planque dans un chalet à 25 millions de dollars pendant que nous jugeons les crimes de son entreprise ! »

« Maître Hanly, calmez-vous, » ordonna le juge.

Mais le mal était fait. Les jurés avaient vu. Le principal accusé fuyait.

Bureaux de Davis Polk & Wardwell, Négociations secrètes

Ce que le public ne voyait pas, c'était ce qui se passait en coulisses.

Damien obtint l'information par une source au sein du cabinet de défense. Pendant que le procès se déroulait, des négociations secrètes avaient lieu.

Purdue Pharma était en train de préparer sa faillite.

« Vous comprenez la stratégie ? » expliqua la source, avocat junior chez Davis Polk qui voulait rester anonyme. « Si Purdue est condamné à payer 50 milliards, ils ne paieront jamais. Mais s'ils déclarent faillite *avant* le verdict, ils peuvent négocier un accord global. »

« Pour combien ? »

« On parle de 6 milliards. Répartis sur neuf ans. »

« Six milliards au lieu de cinquante ? »

« Et surtout, protection totale pour la famille Sackler. »

« Comment ? »

« C'est le génie de la manœuvre. » La source sortit un document confidentiel. « Chapitre 11 du code des faillites. Purdue dépose le bilan. Tous les procès sont suspendus automatiquement. Puis on négocie un "plan de réorganisation". »

« Qui inclut ? »

« Immunité totale pour tous les membres de la famille Sackler contre toute poursuite civile, en échange de leur "contribution" de 4,5 milliards au fonds de compensation. »

« Ils achètent leur immunité ? »

« Légalement, oui. »

« Mais leur fortune personnelle ? »

La source eut un sourire cynique.

« Les Sackler ont transféré plus de 11 milliards de dollars de Purdue vers des trusts familiaux entre 2008 et 2018. Juste avant que les procès ne commencent. Ces trusts sont domiciliés aux îles Caïmans, en Suisse, au Luxembourg. Intouchables. »

« C'est légal ? »

« Limite. Mais qui va les poursuivre ? Ça prendrait dix ans, des dizaines de millions en frais d'avocats, et des procédures dans six pays différents. »

Damien réalisa l'ampleur de la manœuvre. Pendant que les familles pleuraient dans la salle d'audience, les Sackler vidaient les caisses.

« Combien vont-ils garder ? »

« On estime leur fortune personnelle résiduelle à environ 9 milliards de dollars. Après avoir "contribué" 4,5 milliards. »

« Ils auront tué 500 000 personnes et resteront milliardaires. »

« Bienvenue dans le capitalisme américain. »

15 septembre, Annonce de la faillite

Le juge McMahon reçut la notification à 17h47, en plein milieu d'un témoignage. Elle lut le document, son visage devenant de plus en plus dur.

« Mesdames et messieurs, je dois suspendre cette audience. Purdue Pharma vient de déposer une demande de mise en faillite. Selon la loi fédérale, toutes les procédures judiciaires sont automatiquement suspendues. »

Explosion dans la salle.

« C'est une blague ? »

« Ils ne peuvent pas faire ça ! »

« On était en train de gagner ! »

Le juge frappa de son marteau, encore et encore.

« Ordre ! Ordre ! » Quand le silence revint : « Je comprends votre frustration. Mais la loi est la loi. Cette cour n'a plus compétence. Le dossier sera transféré au tribunal des faillites. »

Paul Hanly se leva, visage livide.

« Votre Honneur, c'est une manipulation cynique du système judiciaire. Purdue fuit ses responsabilités. »

« Je suis d'accord, Maître. Mais mes mains sont liées. » Elle regarda les familles. « Je suis désolée. »

Ellen Schneider cria depuis le public :

« Désolée ? Mon fils est mort ! Et eux vont s'en tirer ? »

Le juge McMahon ferma les yeux un instant.

« Nous vivons dans un État de droit. Même quand le droit semble injuste. Audience ajournée. »

Six mois plus tard, Tribunal des faillites

Le juge Robert Drain présidait maintenant le dossier. Homme de soixante-dix ans, cheveux blancs, vingt ans d'expérience en droit des faillites.

Damien assista à l'audience d'approbation du plan de réorganisation. L'atmosphère était différente. Plus technique. Moins émotionnelle. Des avocats débattant de structures financières pendant que des familles attendaient leur destin.

Le plan était simple :

- Purdue Pharma cesserait d'exister
- Un nouveau trust serait créé, géré par les États
- 6 milliards seraient versés sur 9 ans
- La famille Sackler obtiendrait l'immunité totale
- Aucune reconnaissance de culpabilité

Plusieurs États s'opposaient. L'État de Washington. La Californie. Le Massachusetts. Leurs procureurs généraux arguaient que l'accord était obscène.

« Votre Honneur, » plaida Maura Healey, procureure du Massachusetts, « cet accord permet aux Sackler de garder des milliards volés tout en échappant à toute responsabilité. C'est moralement répugnant. »

L'avocat des Sackler, un homme nommé Gregory Werkheiser, répondit :

« Ma cliente offre 4,5 milliards de dollars. C'est une des plus grosses contributions personnelles de l'histoire judiciaire américaine. Sans cet accord, les victimes n'obtiendraient rien. »

« Rien ? » Healey était furieuse. « Nous pourrions saisir leurs actifs ! Poursuivre les transferts frauduleux ! »

« Ça prendrait quinze ans et coûterait des fortunes. » Werkheiser haussa les épaules. « Cet accord donne de l'argent maintenant. Aux victimes qui en ont besoin. »

Damien observait. C'était du chantage pur. Acceptez l'accord minable ou battez-vous pendant des décennies sans garantie.

Le juge Drain écouta pendant trois jours. Puis rendit sa décision.

« Ce tribunal approuve le plan de réorganisation. »

Cris dans la salle.

« Les opposants auront la possibilité de faire appel. Mais cette cour estime que l'accord, bien qu'imparfait, sert l'intérêt des créanciers et des victimes. »

Ellen Schneider se leva.

« Mon fils vaut 2 600 dollars ! » Elle avait calculé. Six milliards divisés par 2,3 millions de victimes estimées. « C'est ça que vous dites ? Que Brian valait 2 600 dollars ? »

Le juge la regarda avec quelque chose qui ressemblait à de la honte.

« Madame, je suis désolé. »

« Désolé ne ramène pas les morts ! »

Les autres procès, Un même schéma

Damien documenta les procès parallèles contre les autres responsables. Partout, le même schéma.

Johnson & Johnson, Oklahoma, août 2019

Condamné à payer 572 millions de dollars pour avoir créé une "nuisance publique" en inondant l'État d'opioïdes.

Appel immédiat. Trois ans de procédures. Réduction à 465 millions en 2021. Nouvel appel. Règlement final à 350 millions. Sans reconnaissance de culpabilité.

PDG de J&J, Alex Gorsky : aucune inculpation. Fortune personnelle intacte.

Les distributeurs, Règlement national, juillet 2021

McKesson, Cardinal Health, AmerisourceBergen. Trois géants qui avaient distribué des milliards de pilules dans des pharmacies qu'ils savaient être des mills.

Accord global : 21 milliards de dollars sur 18 ans.

Répartition : 19,5 milliards pour les États et municipalités. 1,5 milliard pour les victimes individuelles.

Moyenne par victime : 651 dollars.

Sans reconnaissance de culpabilité.

Dirigeants : aucun poursuivi.

Pharmacies, CVS, Walgreens, Walmart

Procès en cours. Mais déjà, les signaux étaient clairs. Accords à venir. Milliards en amendes. Aucune prison.

Rencontre avec le juge à la retraite

Damien obtint un entretien avec le juge Harold Thompson, qui avait pris sa retraite après trente-cinq ans de carrière, dont quinze comme juge fédéral.

Ils se retrouvèrent dans le bureau privé de Thompson, bibliothèque sombre remplie de codes juridiques.

« Vous voulez savoir pourquoi aucun dirigeant n'ira en prison ? » commença Thompson sans préambule.

« Oui. »

« Parce que le système est conçu pour protéger les riches. »

« Aussi directement que ça ? »

« Aussi directement que ça. » Thompson versa deux verres de whisky. « Écoutez, j'ai été juge pendant quinze ans. J'ai envoyé des petits dealers en prison pour vingt ans parce qu'ils vendaient 50 grammes d'héroïne. Pendant ce temps, les Sackler ont distribué des tonnes d'opioïdes, créé 500 000 morts, et ils finiront dans leurs châteaux suisses. »

« Pourquoi ? »

« Trois raisons. »

Il compta sur ses doigts.

« Un : l'argent. Les corporations ont des armées d'avocats. Elles peuvent se battre pendant des décennies. Le système judiciaire, lui, a un budget. Les procureurs sont débordés. Face à un Goldman Sachs ou un Purdue Pharma, ils perdent par épuisement. »

« Deux : la structure corporative. Prouver qu'un PDG savait personnellement, qu'il a personnellement ordonné les crimes, c'est quasi impossible dans une corporation moderne. Il y a toujours un niveau d'indirection. "Je ne savais pas ce que faisait le département marketing." "C'était une initiative régionale." Toujours une excuse. »

« Trois : la mentalité culturelle. En Amérique, on révère les riches. On considère qu'un homme d'affaires qui réussit est intrinsèquement vertueux. Alors quand il commet un crime, on cherche des excuses. "Il n'a pas vraiment compris." "C'était une erreur de jugement." "Il ne mérite pas la prison." »

« Par contre, un pauvre qui vole un magasin ? Douze ans ferme. »

Damien but son whisky en silence.

« Vous avez condamné des riches ? »

« Quelques-uns. Très peu. Et jamais les vrais gros poissons. » Thompson eut un sourire amer. « Vous savez ce qui arrive à un juge qui s'attaque vraiment aux puissants ? »

« Quoi ? »

« Campagnes de presse. Accusations d'activisme judiciaire. Pressions politiques. Et à la fin du mandat, pas de réélection ou de reconduction. Ou pire, promotion vers un poste symbolique sans pouvoir. »

« On vous a fait ça ? »

Thompson ne répondit pas directement.

« J'ai condamné une banque à 5 milliards d'amende pour blanchiment d'argent de cartels mexicains. Trois mois plus tard, j'étais muté vers la cour d'appel des brevets. Techniquement une promotion. En réalité, un placard. »

« C'est pour ça que vous avez démissionné ? »

« J'ai démissionné parce que je ne voulais plus être complice d'un système pourri. »

Il se leva, alla à sa bibliothèque, sortit un livre.

« Lisez ça. *The Divide* de Matt Taibbi. Il documente parfaitement la justice à deux vitesses en Amérique. D'un côté, incarcération de masse pour les pauvres. De l'autre, impunité de fait pour les riches. »

« Ça peut changer ? »

Thompson le regarda longuement.

« Vous savez ce qu'il faudrait ? Une vraie révolution du système judiciaire. Suppression des lobbies. Financement public des campagnes. Procureurs indépendants pour les crimes corporatifs. Prison obligatoire pour les dirigeants condamnés. Ça n'arrivera jamais. »

« Pourquoi ? »

« Parce que ceux qui peuvent changer le système en bénéficient. »

Bilan final, Deux ans après

Damien compila les chiffres. Le tableau final de la justice américaine face à la crise des opioïdes :

CÔTÉ VICTIMES :

- 500 000 morts minimum
- 2,3 millions de personnes affectées
- Des centaines de milliers de familles détruites
- Des communautés entières ravagées
- Des coûts sociaux estimés à 1 000 milliards de dollars

CÔTÉ RESPONSABLES :

- Purdue Pharma : 6 milliards d'amende, dissolution, aucun dirigeant en prison

- Famille Sackler : 4,5 milliards payés, 9 milliards conservés, immunité complète
- Johnson & Johnson : 350 millions d'amende, aucun dirigeant poursuivi
- McKesson : 7,4 milliards d'amende, business continue, PDG reçoit 20 millions de bonus
- Cardinal Health : 6,6 milliards d'amende, aucune conséquence criminelle
- AmerisourceBergen : 6,1 milliards d'amende, aucun dirigeant inculpé
- CVS, Walgreens, Walmart : négociations en cours, accords attendus

TOTAL DES AMENDES : 51,9 milliards de dollars

TOTAL DES PROFITS RÉALISÉS PAR L'INDUSTRIE : Estimé à plus de 150 milliards

DIRIGEANTS EMPRISONNÉS : 0

Zéro.

Comparaison avec d'autres affaires

Damien créa un tableau comparatif :

CRIME : Vol de 500 dollars dans un magasin

- Auteur : Homme noir de 23 ans, sans emploi
- Peine : 8 ans de prison
- Exemple réel : État de Louisiane, 2019

CRIME : Distribution de 50 grammes de crack

- Auteur : Homme hispanique de 28 ans
- Peine : Minimum 15 ans sous lois fédérales
- Exemple réel : centaines de cas annuels

CRIME : Distribution de milliards de doses d'opioïdes ayant causé 500 000 morts

- Auteurs : Dirigeants de Purdue Pharma, milliardaires
- Peine : 0 jour de prison
- Amendes : représentant 30% des profits

CRIME : Fraude financière de 65 milliards (affaire Madoff)

- Auteur : Bernard Madoff, financier
- Peine : 150 ans de prison
- Note : Madoff a escroqué des riches

CRIME : Fraude comptable (affaire Enron)

- Auteur : Jeffrey Skilling, PDG
- Peine : 24 ans (réduits à 14)
- Note : Les victimes incluaient des employés et actionnaires fortunés

La conclusion était évidente. On punissait sévèrement quand les victimes étaient riches ou quand l'auteur était pauvre. Quand les criminels étaient riches et les victimes pauvres ? Amendes négociables et immunité.

Épilogue du chapitre, Conversation finale

Damien rencontra une dernière fois Ellen Schneider. Elle avait reçu son chèque du fonds de compensation. 2 847 dollars.

Ils se retrouvèrent au cimetière où Brian était enterré. Elle déposa des fleurs sur la tombe.

« Presque trois mille dollars, » dit-elle sans émotion. « C'est le prix de mon fils. »

« Je suis désolé, Ellen. »

« Vous savez ce qui est drôle ? » Elle eut un rire sans joie. « Richard Sackler dépense plus que ça pour un dîner. »

« Vous allez faire appel ? »

« Les avocats disent que ça ne sert à rien. Que l'accord est validé. Que c'est fini. »

« C'est pas fini. »

« Non ? » Elle le regarda. « Dites-moi ce qui va changer. Dites-moi que les Sackler vont en prison. Dites-moi que le système va être réformé. Dites-moi que ça n'arrivera plus jamais. »

Damien ne pouvait pas. Parce qu'il savait que rien de tout ça n'arriverait.

« Je peux vous dire que l'histoire les jugera. Que vos témoignages comptent. Que... »

« L'histoire ? » Ellen secoua la tête. « L'histoire est écrite par les riches. Dans cinquante ans, il y aura un musée Sackler. Leurs noms seront sur des universités. Leurs petits-enfants seront des philanthropes respectés. Et Brian ? Brian sera une statistique. »

Elle ramassa son sac.

« Mais merci quand même. Pour avoir écrit la vérité. Au moins ça. »

Elle partit. Damien resta devant la tombe.

Sur la pierre tombale : *Brian Schneider, 1993-2015. Fils aimé. Victime d'une guerre qu'il n'a pas choisie.*

Note finale de Damien Moretti, trouvée dans ses archives :

« J'ai assisté à tous les grands procès. J'ai lu des dizaines de milliers de pages de procédures. J'ai vu des avocats brillants se battre courageusement. J'ai vu des juges frustrés par les limites de leur pouvoir.

Et j'ai compris quelque chose de terrible : le système judiciaire américain n'est pas conçu pour punir les crimes corporatifs. Il est conçu pour les gérer. Les amendes sont un coût de faire des affaires. Les accords sont des négociations commerciales. La justice est une transaction.

500 000 morts. Aucun responsable en prison.

Si ce n'est pas la preuve d'un système brisé, qu'est-ce que c'est ?

Les Sackler sont dans leurs châteaux.

Les dirigeants de J&J jouent au golf.

Les PDG des distributeurs reçoivent leurs bonus.

Et Ellen Schneider a reçu 2 847 dollars pour son fils mort.

C'est ça, la justice en Amérique.

Pour les pauvres : punition maximale.

Pour les riches : négociation minimale.

Le procès du siècle s'est terminé par un marchandage obscène.

Et demain, une autre corporation tuera d'autres gens.

Parce qu'elle sait que le prix à payer sera toujours inférieur aux profits.

Bienvenue dans le capitalisme sans conscience.

Bienvenue en Amérique. »

Post-scriptum, Mise à jour 2024

En mars 2024, la Cour Suprême des États-Unis a bloqué l'accord protégeant la famille Sackler, jugeant que le tribunal des faillites avait outrepassé ses pouvoirs en accordant l'immunité à des non-débiteurs.

Les Sackler ont immédiatement proposé un nouvel accord : 6 milliards au lieu de 4,5.

Les négociations continuent.

Les morts, eux, ne reviendront jamais.

CHAPITRE 12 : Épilogue : Comment arrêter le massacre

Lisbonne, Portugal, 14 avril, 10h30

Le Dr. João Goulão attendait Damien dans son bureau modeste du ministère de la Santé portugais. Sur le mur, une carte du pays piquée de graphiques descendant. Descente des overdoses. Descente du VIH chez les usagers. Descente de la criminalité liée aux drogues.

« Vous voulez savoir comment on a fait ? » demanda Goulão, homme de soixante-huit ans au sourire las. « C'est simple. On a arrêté de traiter les toxicomanes comme des criminels. On les a traités comme des malades. »

Il sortit un dossier épais.

« 2001. Le Portugal était au bord du gouffre. Un pour cent de notre population, 100 000 personnes, dépendait à l'héroïne. Les overdoses explosaient. Le VIH se propageait. Les prisons débordaient. Nos familles étaient détruites. »

« Qu'avez-vous fait ? »

« Quelque chose de radical. Nous avons décriminalisé *toutes* les drogues. »

Damien leva les yeux de son carnet.

« Toutes ? »

« Toutes. Héroïne, cocaine, cannabis, tout. Possession pour usage personnel : plus un crime. Une infraction administrative. Comme un excès de vitesse. »

« La réaction politique ? »

« Apocalyptique. » Goulão sourit. « On nous prédisait que le Portugal allait devenir la capitale européenne de la drogue. Que les toxicomanes allaient affluer du monde entier. Que ce serait le chaos. »

« Et ? »

« Regardez les chiffres. »

Il étala les statistiques. Damien les parcourut, incrédule.

Portugal , Comparaison 2000 vs 2022

- Overdoses mortelles : -85%
- Nouvelles infections VIH chez usagers : -95%
- Taux d'incarcération liée aux drogues : -60%
- Personnes en traitement de substitution : +300%
- Usage chez les jeunes (15-24 ans) : -40%

« Comment est-ce possible ? »

« Parce qu'on a arrêté de gaspiller de l'argent à mettre les gens en prison, et on a investi dans la santé. »

Goulão l'emmena visiter un centre de traitement dans le quartier de Mouraria, ancien épicentre de la crise.

Centre Taipas, Lisbonne, 14h00

Le centre occupait un bâtiment blanc propret. À l'intérieur, pas de barreaux, pas de gardes. Des salles de consultation médicale. Des bureaux d'assistants sociaux. Une salle de groupe. Une pharmacie dispensant de la méthadone et de la buprénorphine.

Sofia, conseillère du centre, fit visiter Damien.

« Ici, quand quelqu'un est arrêté avec de la drogue, la police ne l'envoie pas en prison. Elle lui donne un rendez-vous chez nous. Obligatoire. »

« Et s'il ne vient pas ? »

« Amende. Petite. Mais la plupart viennent. Parce qu'on ne les juge pas. On leur offre de l'aide. »

Ils entrèrent dans une salle de consultation. Un homme d'une trentaine d'années parlait calmement avec un médecin.

« Miguel, » présenta Sofia. « Ancien héroïnomane. Huit ans de dépendance. Maintenant sous buprénorphine depuis trois ans. Il a retrouvé un travail. Reconstruit sa relation avec sa famille. »

« Je peux lui parler ? »

Miguel accepta. Ils s'installèrent dans une petite salle.

« Comment était votre vie avant ? » demanda Damien.

« L'enfer. Je volais ma propre mère. Je dormais dans la rue. J'ai fait de la prison deux fois. À chaque sortie, je replongeais. » Il regarda ses mains. « Je voulais arrêter. Mais tout le système était contre moi. Casier judiciaire, impossible de trouver du travail. Pas de logement. Pas de traitement accessible. Alors je continuais. »

« Qu'est-ce qui a changé ? »

« La loi de 2001. Du jour au lendemain, je n'étais plus un criminel. J'étais un malade. On m'a proposé un traitement de substitution gratuit.

Un accompagnement psychologique. Une aide pour trouver un logement. Une formation professionnelle. »

« Ça a été facile ? »

« Non. J'ai rechuté trois fois. Mais à chaque fois, ils étaient là. Pas de jugement. Juste : "Ok, on recommence." » Ses yeux se mouillèrent. « Personne ne m'avait jamais traité avec autant de dignité. »

« Aujourd'hui ? »

« Je travaille dans la construction. Je loue un appartement. Je vois mes enfants tous les week-ends. Je prends ma buprénorphine tous les matins. Je suis vivant. »

« Vous pensez que ce modèle pourrait marcher en Amérique ? »

Miguel réfléchit.

« Si vous arrêtez de voir les toxicomanes comme des ennemis et commencez à les voir comme des gens qui souffrent ? Oui. Mais ça demande un changement de mentalité radical. »

Zurich, Suisse, Une semaine plus tard

La salle de consommation supervisée de Lozärn se trouvait dans un quartier paisible. De l'extérieur, rien ne la distinguait d'un centre médical ordinaire.

Karin Pfister, directrice, accueillit Damien.

« Nous existons depuis 1986. Première salle de consommation au monde. »

« Comment ça fonctionne ? »

« Simple. Les usagers viennent avec leur propre drogue. On leur fournit un espace propre, du matériel stérile, une supervision médicale. Ils consomment. On les surveille. On intervient en cas d'overdose. On leur propose de l'aide s'ils veulent arrêter. »

« Ça ne légalise pas la drogue ? »

« Non. C'est toujours illégal d'acheter ou de vendre. Mais *utiliser* dans un cadre supervisé n'est pas criminalisé. La différence est cruciale. »

Elle le fit entrer dans la salle principale. Dix box individuels. Propres. Éclairés. Du personnel médical en blouse blanche circulant calmement.

« Combien de morts par overdose dans cette salle depuis 1986 ? » demanda Karin.

« Je ne sais pas. »

« Zéro. Trente-sept ans. Des centaines de milliers de consommations supervisées. Zéro mort. »

« Comment ? »

« Parce qu'on est là. Quand quelqu'un fait une overdose, on a du Naloxone. On intervient en trente secondes. On sauve des vies tous les jours. »

Un homme entra, salua le personnel, se dirigea vers un box. Gestes routiniers. Pas de honte. Pas de cachette. Juste un acte médical.

« Vous voyez ? » dit Karin. « Ici, ils sont en sécurité. Matériel propre : moins de VIH, moins d'hépatite. Supervision médicale : moins de morts. Contact régulier avec des professionnels : plus de chances qu'ils acceptent un traitement quand ils seront prêts. »

« Les opposants disent que ça encourage la consommation. »

« Les données disent le contraire. » Elle sortit des statistiques. « Depuis l'ouverture de notre réseau de salles, la consommation d'héroïne en Suisse a *baissé* de 60%. Parce qu'on n'encourage pas. On accompagne. On offre une porte de sortie. »

« Combien de salles en Suisse ? »

« Douze. Et dans le monde : environ 120. Australie, Canada, Pays-Bas, France, Espagne. Partout où elles existent, elles sauvent des vies. »

« Aux États-Unis ? »

« Deux. Juste deux. New York et Rhode Island. Ouvertes récemment après des décennies de batailles politiques. »

« Pourquoi si peu ? »

Karin soupira.

« Parce que l'Amérique préfère la guerre à la compassion. »

Vancouver, Canada, Dix jours plus tard

Le Downtown Eastside de Vancouver était célèbre pour être l'un des quartiers les plus difficiles d'Amérique du Nord. Pauvreté extrême, drogue omniprésente, désespoir visible à chaque coin de rue.

Mais c'était aussi là que se trouvait Insite, la première salle de consommation supervisée légale d'Amérique du Nord.

Mark Lysyshyn, médecin coordinateur, fit visiter Damien.

« Avant Insite, cette rue était un cimetière. Des corps dans les ruelles. Des overdoses en pleine rue. Maintenant ? On sauve quarante vies par semaine. »

La salle était plus grande que celle de Zurich. Quinze stations de consommation. Une salle d'injection. Une salle d'inhalation. Une équipe de huit soignants.

« On voit 500 à 700 personnes par jour, » expliqua Mark. « 6 000 overdoses inversées depuis notre ouverture en 2003. 6 000 personnes qui seraient mortes. »

« Le gouvernement soutient ? »

« Maintenant oui. Mais ça a pris vingt ans de batailles. Le gouvernement conservateur a essayé de nous fermer cinq fois. On a dû aller jusqu'à la Cour Suprême. »

« Vous avez gagné. »

« On a gagné parce que les données étaient irréfutables. Moins de morts. Moins de maladies. Moins de criminalité dans le quartier. Plus de gens en traitement. Même les policiers nous soutiennent maintenant. »

Damien rencontra Sarah, travailleuse sociale à Insite.

« La plupart des gens qui viennent ici, on les connaît depuis des années, » dit-elle. « On les voit au plus bas. On est là quand ils sont prêts à remonter. »

« Exemple ? »

« Danny. Il venait ici tous les jours pendant trois ans. Héroïne et Fentanyl. On lui disait à chaque fois : "Quand tu voudras arrêter, on est là." Un jour, il est venu et a dit : "Je suis prêt." On l'a mis en contact avec un programme de méthadone. Puis un centre de désintox. Puis un logement social. Aujourd'hui, il travaille comme pair aidant dans un autre centre. »

« Il revient ici ? »

« Tous les vendredis. Pour remercier l'équipe. Et pour encourager les autres. »

Huntington, Virginie-Occidentale, Retour au ground zero

Damien retourna à Huntington, la ville qu'il avait visitée au début de son enquête. Deux ans s'étaient écoulés. Qu'avait changé ?

Le maire Steve Williams l'accueillit dans son bureau.

« Vous nous aviez vus au pire, » dit Williams. « On était la capitale américaine des overdoses. Quatre par jour. »

« Aujourd'hui ? »

« 1,2 par jour. »

« Comment avez-vous fait ? »

Williams sortit un plan détaillé.

« On a arrêté de faire comme si on pouvait arrêter les gens. On a commencé à essayer de les sauver. »

Le plan Huntington :

1. **Programme Quick Response Team (QRT)**
   « Chaque fois que quelqu'un fait une overdose et survit, on envoie une équipe dans les 72 heures. Pompier, policier, travailleur social. Pas pour arrêter. Pour offrir de l'aide. Traitement gratuit. Logement. Accompagnement. »

« Taux d'acceptation ? »

« 30%. Ça paraît faible. Mais avant ? Zéro. Les gens ne cherchaient jamais d'aide par peur de la police. »

1. **Naloxone gratuite pour tous**
   « On a distribué 15 000 kits de Naloxone gratuits. Aux toxicomanes, aux familles, aux commerçants, aux bibliothécaires. N'importe qui peut renverser une overdose. »

« Résultats ? »

« 2 300 overdoses inversées par des civils en deux ans. 2 300 vies sauvées par leurs voisins. »

1. **Traitement sur demande**
   « Avant, si quelqu'un voulait un traitement de substitution, il devait attendre trois mois. Liste d'attente. Paperasse. Maintenant ? Même jour. Tu viens, tu vois un médecin, tu repars avec ta méthadone ou ta buprénorphine. »

« Financé comment ? »

« Les premiers millions venaient de l'accord avec Purdue. On les a investis dans la santé. »

1. **Pairs aidants**
   « On a embauché cinquante anciens toxicomanes en rémission. Ils travaillent dans les centres, dans la rue, dans les hôpitaux. Qui peut mieux comprendre un junkie qu'un ex-junkie ? »

« Ça marche ? »

« Mieux que n'importe quelle thérapie conventionnelle. »

Williams l'emmena visiter le Lily's Place, premier centre de traitement pour bébés nés dépendants aux opioïdes.

Lily's Place, L'espoir en couveuse

Rebecca Crowder, directrice, montra à Damien la nursery. Dix berceaux. Dix bébés. Certains pleuraient. D'autres tremblaient légèrement. Tous nés dépendants.

« Le syndrome de sevrage néonatal, » expliqua Rebecca. « Leurs mères consommaient pendant la grossesse. Ils naissent en manque. »

« Combien en voyez-vous ? »

« On a traité 850 bébés depuis notre ouverture en 2014. »

« Comment les traite-t-on ? »

« Morphine en doses décroissantes. Peau à peau avec des volontaires. Musique douce. Lumière tamisée. Amour. Beaucoup d'amour. »

Une volontaire berçait un bébé minuscule, chantonnant doucement. Le bébé se calma progressivement.

« Taux de succès ? »

« 98% sortent en bonne santé. Sans séquelles à long terme si le traitement est bien fait. »

« Et les mères ? »

« On les traite aussi. Thérapie, substitution, accompagnement. L'objectif est de réunir la famille. Pas de la séparer. »

Rebecca montra un mur de photos.

« Regardez. Nos success stories. » Des dizaines de photos. Mères et enfants, souriants. « Jenna et son fils Lucas. Elle était héroïnomane. Enceinte. Terrifiée. On l'a aidée. Aujourd'hui Lucas a quatre ans, il est en pleine santé, et Jenna est sobre depuis cinq ans. »

« C'est l'histoire que les médias devraient raconter, » murmura Damien.

« C'est l'histoire que *vous* allez raconter, » sourit Rebecca.

New York, Rencontre avec les militants

Damien assista à une manifestation devant le siège de McKinsey & Company, le cabinet de conseil qui avait conseillé Purdue Pharma sur comment "turbocharger" les ventes d'OxyContin.

Deux cents personnes. Pancartes. Chants. Photos de victimes.

Au premier rang, Ryan Hampton.

Hampton était une légende du mouvement. Ancien toxicomane, sobre depuis huit ans, il avait transformé sa douleur en combat. Auteur, activiste, lobbyiste, il avait témoigné devant le Congrès, attaqué les laboratoires, forcé les politiciens à agir.

« Ryan ! » appela Damien.

Hampton le reconnut, sourit.

« Le journaliste qui dit la vérité. Content de te voir. »

« Tu penses que ça sert à quelque chose ? » Damien montra la manifestation.

« Chaque action compte. On n'arrêtera pas tant qu'ils ne paieront pas vraiment. »

« Que veux-tu dire ? »

« Les amendes, c'est bien. Mais on veut la prison. On veut Richard Sackler en combinaison orange. On veut les PDGs de J&J, de McKinsey, de McKesson derrière les barreaux. »

« Tu crois que c'est possible ? »

« Il y a cinq ans, personne ne pensait qu'on obtiendrait 6 milliards de Purdue. Il y a trois ans, personne ne pensait que McKinsey paierait 600 millions. » Il pointa le building. « Maintenant, ils ont peur. Parce qu'on ne lâche pas. »

Une femme rejoignit Hampton. Nan Goldin, photographe célèbre, elle-même ancienne dépendante à l'OxyContin.

« Damien, » salua-t-elle. « Vous avez vu notre dernière action ? »

« Non. »

« On a ciblé tous les musées qui portent le nom Sackler. Met, Louvre, British Museum. On y a organisé des die-in. Des centaines de personnes couchées par terre, simulant des cadavres. »

« Résultats ? »

« Le Louvre a retiré le nom Sackler. Le Met aussi. Le British Museum résiste encore. » Elle sourit férocement. « Mais on va gagner. »

« Pourquoi c'est important ? Les noms sur les musées ? »

« Parce qu'ils achètent leur légitimité avec du sang, » expliqua Nan. « Ils donnent 50 millions à un musée pour que tout le monde oublie les 500 000 morts. On ne les laissera pas faire. Chaque plaque à leur nom sera retirée. Leur nom deviendra synonyme de mort. »

Washington DC, Auditions au Congrès

Damien assista à une audition de la commission de la Santé du Sénat. Sujet : nouvelles régulations de l'industrie pharmaceutique.

Senateur Ed Markey, démocrate du Massachusetts, interrogeait un représentant de la FDA.

« Dr. Woodcock, combien d'opioïdes la FDA a-t-elle approuvés depuis le début de la crise ? »

« Senator, nous avons approuvé... » Janet Woodcock, commissaire adjointe, consultait ses notes. « Dix-sept nouvelles formulations entre 2010 et 2023. »

« Dix-sept ? Alors que 500 000 Américains mouraient ? »

« Ces médicaments répondaient à des besoins médicaux légitimes... »

« Vraiment ? » Markey brandit un document. « Dsuvia. Approuvé en 2018. Sufentanil. Dix fois plus puissant que le Fentanyl. Comprimé sublingual. Parfait pour l'abus. La FDA a approuvé ça en pleine crise. Expliquez-moi. »

« Le comité consultatif a estimé... »

« Le comité où siègent cinq consultants payés par l'industrie pharmaceutique ? Ce comité ? »

Silence embarrassé.

Damien observait. Depuis deux ans, la pression politique montait. Lentement. Trop lentement. Mais elle montait.

Plusieurs sénateurs proposaient maintenant des lois radicales :

PROJET DE LOI S.2764, "Stop Killer Pills Act"

- Quotas fédéraux stricts de production d'opioïdes

- Réduction de 50% des prescriptions autorisées
- Surveillance électronique obligatoire de chaque prescription
- Formation obligatoire de 20 heures pour tout médecin prescrivant des opioïdes
- Interdiction totale de marketing des opioïdes

« Ça va passer ? » demanda Damien à une attachée de presse sénatoriale.

« Peu probable. Les lobbys pharma dépensent 300 millions par an pour bloquer ce genre de lois. »

« Donc rien ne change ? »

« Je n'ai pas dit ça. » Elle sourit légèrement. « Il y a cinq ans, ce projet de loi n'aurait eu aucun soutien. Aujourd'hui ? Quarante-trois sénateurs le soutiennent. Pas assez pour passer. Mais dans deux ans ? Peut-être. »

« Et en attendant, les gens meurent. »

« Oui. C'est pour ça qu'on se bat. »

Plan d'action, Ce qui doit être fait

De retour dans son bureau de New York, Damien compila tout ce qu'il avait appris. Deux ans d'enquête. Vingt pays visités. Des centaines d'experts interviewés. Des milliers de documents analysés.

Il créa un document qu'il intitula : **"Blueprint to End the Opioid Crisis, 10 Actions That Work"**

ACTION 1 : DÉCRIMINALISER L'USAGE

Modèle : Portugal

- Possession pour usage personnel = infraction administrative, pas criminelle
- Redirection de l'argent des prisons vers les traitements
- Fin du casier judiciaire qui empêche la réinsertion

Coût estimé : -20 milliards/an (économies en incarcération)

Bénéfice estimé : +40 milliards/an (productivité retrouvée, criminalité réduite)

ACTION 2 : SALLES DE CONSOMMATION SUPERVISÉE

Modèle : Suisse, Canada

- 500 salles dans les zones à forte prévalence
- Supervision médicale 24/7
- Naloxone immédiatement disponible
- Porte d'entrée vers le traitement

Coût estimé : 1 milliard/an

Vies sauvées estimées : 50 000/an

ACTION 3 : TRAITEMENT DE SUBSTITUTION UNIVERSEL

Modèle : France, Suisse

- Méthadone et buprénorphine gratuites et accessibles
- Pas de liste d'attente
- Prescription par tout médecin formé
- Programmes mobiles pour zones rurales

Coût estimé : 3 milliards/an

Personnes traitées : 2 millions

ACTION 4 : NALOXONE UNIVERSELLE

Modèle : Écosse

- Distribution gratuite en pharmacie, sans prescription
- Kits dans tous les lieux publics (comme les défibrillateurs)
- Formation de 10 millions de citoyens

Coût estimé : 500 millions/an

Vies sauvées estimées : 20 000/an

ACTION 5 : RÉGULATION DRASTIQUE DES PRESCRIPTIONS

Modèle : Propositions expertes

- Quotas de production réduits de 75%
- Limite de 3 jours pour première prescription
- Surveillance électronique obligatoire
- Formation médicale obligatoire (20h)
- Interdiction totale du marketing opioïde

Coût estimé : 200 millions/an (systèmes de surveillance)

Prescriptions évitées : 50 millions/an

ACTION 6 : POURSUITES PÉNALES INTERNATIONALES

Modèle : Procès du tabac, de l'amiante

- Tribunal international pour crimes corporatifs
- Poursuites personnelles contre dirigeants
- Prison obligatoire en cas de condamnation
- Saisie totale des actifs

Coût estimé : 500 millions (enquêtes et procès)

Récupération estimée : 50 milliards (amendes et saisies)

ACTION 7 : TAXATION MASSIVE DE L'INDUSTRIE

Modèle : Taxe tabac

- 50% de taxe sur tous les opioïdes
- Fonds dédié 100% au traitement des victimes
- Audit annuel obligatoire de toute compagnie pharmaceutique
- Transparence totale des essais cliniques

Revenus estimés : 10 milliards/an

ACTION 8 : INTERDICTION DU MARKETING PHARMACEUTIQUE

Modèle : Europe

- Fin de la publicité directe aux consommateurs
- Fin des "cadeaux" aux médecins
- Fin du financement de congrès médicaux
- Formation médicale continue financée par l'État uniquement

Économies estimées : 30 milliards/an (réduction prescriptions inutiles)

ACTION 9 : PROGRAMMES DE PRÉVENTION

Modèle : Islande (alcool)

- Éducation dès l'école primaire
- Programmes communautaires (sport, art, emploi jeunes)
- Intervention précoce pour populations à risque

Coût estimé : 2 milliards/an

Nouveaux cas évités : 100 000/an

ACTION 10 : RÉINVESTISSEMENT COMMUNAUTAIRE

Modèle : Huntington, WV

- Reconstruire les zones dévastées
- Emplois, logements, espaces communautaires
- Pairs aidants dans chaque ville
- Espoir tangible

Coût estimé : 20 milliards/an

Communautés restaurées : Des milliers

COÛT TOTAL : 38 milliards/an
BÉNÉFICES TOTAUX :

- 150 000 vies sauvées/an
- 200 milliards d'économies/an (santé, criminalité, productivité)
- Retour sur investissement : 500%

« C'est possible, » écrivit Damien en bas du document. « Tout est possible. Il suffit de choisir les vies plutôt que les profits. »

Histoires de résurrection

Damien voulait terminer son livre non sur les morts, mais sur les vivants. Ceux qui s'en étaient sortis. Ceux qui prouvaient que le changement était possible.

Travis, 34 ans, Seattle

« J'ai été accro pendant dix ans. OxyContin d'abord. Héroïne ensuite. Fentanyl pour finir. J'ai fait quatre overdoses. À la dernière, j'étais mort pendant trois minutes. Un type dans la rue m'a fait du Naloxone. Quand je me suis réveillé, j'ai pleuré. Pas de joie. De rage. Parce que je voulais mourir.

Mais ce type est resté. Il m'a dit : "Je suis passé par là. Il y a une issue. Viens avec moi."

Il m'a emmené dans un centre. Ils m'ont mis sous buprénorphine le jour même. Pas de jugement. Pas d'attente. Juste : "On va t'aider."

Ça fait trois ans. Je travaille comme électricien. Je suis sobre. Je fais du bénévolat dans le même centre qui m'a sauvé.

Le mois dernier, j'ai sauvé quelqu'un avec du Naloxone. Comme ce type m'avait sauvé. La chaîne continue. »

Jessica, 41 ans, Baltimore

« J'étais médecin. Urgentiste. Je prescrivais de l'OxyContin à mes patients. Puis j'ai eu une hernie discale. J'ai commencé à en prendre moi-même. En six mois, j'étais accro. J'ai perdu ma licence. Mon mariage. Mes enfants.

J'ai dormi dans ma voiture pendant deux ans. Je volais pour ma dose. Moi. Une médecin.

Un jour, une ancienne collègue m'a reconnue dans la rue. Au lieu de m'ignorer, elle m'a emmenée dans un programme. Traitement résidentiel. Thérapie intensive. Reconstruction complète.

Aujourd'hui ? J'ai récupéré ma licence. Je travaille dans une clinique pour populations précaires. Je traite des gens comme moi. Et chaque patient que j'aide rachète un peu de mon passé. »

Marcus, 28 ans, Philadelphie

« Ma mère est morte d'une overdose quand j'avais douze ans. Mon père était en prison. J'ai grandi dans le système de placement. À seize ans, j'ai commencé à dealer. À dix-sept, à consommer. À vingt, j'étais junkie hardcore.

Je serais mort. Sûr. Mais un juge m'a offert un choix : prison ou programme intensif. J'ai choisi le programme par lâcheté. Parce que j'avais peur de la prison.

Le programme était dur. Discipline militaire. Thérapie de groupe. Travail obligatoire. Mais pour la première fois de ma vie, j'avais une structure. Des règles. Des gens qui donnaient un sens à ma vie.

Trois ans plus tard, j'ai mon diplôme. Je travaille comme conseiller pour jeunes en difficulté. Je vis dans un petit appart. J'ai une copine. Une vie normale.

Le juge qui m'a sauvé est venu à ma remise de diplôme. On a pleuré tous les deux. »

L'appel final

Damien écrivit les dernières pages de son livre dans sa chambre d'hôtel new-yorkaise, vue sur Manhattan scintillant dans la nuit.

Il pensa à Sarah, la première victime qu'il avait rencontrée. À Brian Schneider et Ellen sa mère. À Kyle et Carol sa tante. À Tommy McKay en Écosse. À Frau Keller en Allemagne. À tous ces visages qui avaient marqué son enquête.

Il pensa aussi à Travis, Jessica, Marcus. Aux bébés de Lily's Place. Aux gens de Huntington qui refusaient d'abandonner. À Ryan Hampton et Nan Goldin qui se battaient.

Et il écrivit :

MESSAGE FINAL AU LECTEUR

Vous avez lu 500 pages. Vous connaissez maintenant la vérité.

500 000 Américains sont morts. Des millions d'Européens sont en danger. Des corporations criminelles ont menti, corrompu, tué, et s'en sont tirées.

Vous êtes en colère. Bien.

Vous êtes triste. Normal.

Mais si vous refermez ce livre et ne faites rien, cette colère et cette tristesse ne servent à rien.

Alors voici ce que je vous demande :

SI VOUS ÊTES AMÉRICAIN :

1. **Contactez vos élus.** Maintenant. Sénateurs, représentants, gouverneur. Exigez qu'ils soutiennent des lois de régulation des opioïdes. Leurs emails sont publics. Utilisez-les.
2. **Soutenez les organisations de victimes.** Fed Up Coalition. Shatterproof. Families Against Fentanyl. Donnez de l'argent. Donnez du temps. Donnez votre voix.
3. **Formez-vous au Naloxone.** La prochaine overdose que vous croiserez, vous pourrez sauver une vie. Formations gratuites disponibles dans chaque État.
4. **Parlez.** À vos amis, votre famille, vos collègues. La honte tue autant que la drogue. Brisons le silence.
5. **Votez.** Pour des candidats qui priorisent la santé publique sur l'argent pharmaceutique. Vérifiez qui finance leurs campagnes.

SI VOUS ÊTES EUROPÉEN :

1. **Réveillez-vous.** Ce qui arrive en Amérique arrivera chez vous dans cinq ans. Agissez maintenant.
2. **Exigez la transparence.** Qui sont les médecins payés par les labos pharma ? Les données existent. Demandez-les. Publiez-les.
3. **Soutenez les programmes de réduction des risques.** Salles de consommation supervisée. Traitement de substitution. Distribution de Naloxone.
4. **Attaquez les labos.** Actions collectives. Procès. Ils sont vulnérables maintenant. Frappez avant qu'ils ne se fortifient.
5. **Refusez la fatalité.** Le modèle portugais marche. Le modèle suisse marche. Le modèle canadien marche. Exigez qu'on les applique.

POUR TOUS :

Signez les pétitions :

- Change.org : "Jail the Sacklers"
- Avaaz : "Stop Big Pharma Killing"
- SumOfUs : "End Opioid Marketing"

Boycottez :

- Johnson & Johnson (jusqu'à justice complète)
- Toute institution portant le nom Sackler

Soutenez financièrement :

- Your local addiction treatment centers
- Harm reduction organizations

- Investigative journalism (oui, nous aussi avons besoin de soutien)

Partagez ce livre.

- Prêtez-le. Offrez-le. Résumez-le sur les réseaux sociaux. L'information est une arme. Utilisez-la.

Et surtout :

Si vous ou quelqu'un que vous connaissez souffre d'addiction, cherchez de l'aide. Maintenant.

- USA : SAMHSA National Helpline : 1-800-662-4357
- UK : Frank : 0300 123 6600
- France : Drogues Info Service : 0800 23 13 13
- Canada : 1-800-668-6868

Il n'y a pas de honte à demander de l'aide. La honte appartient à ceux qui ont créé cette crise.

DERNIER MOT

J'ai commencé cette enquête parce qu'un éditeur m'a envoyé dans une petite ville de Virginie-Occidentale. J'y suis allé avec du scepticisme professionnel.

Je termine avec de la rage. Et de l'espoir.

De la rage parce que tout ceci était évitable. Chaque mort. Chaque famille brisée. Chaque communauté détruite. Des gens savaient. Des gens ont choisi le profit.

De l'espoir parce que j'ai vu que le changement est possible. Des villes qui se reconstruisent. Des vies qui recommencent. Des pays qui ont trouvé des solutions.

Ce livre est ma contribution à la bataille.

Quelle sera la vôtre ?

Le massacre continue. Mais il peut s'arrêter.

Tout dépend de nous.

Tous.

Maintenant.

— Damien Moretti

New York, 17 mars 2024

POST-SCRIPTUM

Six mois après la publication de ce livre, trois choses se sont produites :

1. Le projet de loi S.2764 a été adopté par le Sénat américain, 67 voix contre 33. Les prescriptions d'opioïdes ont chuté de 40% en six mois.

2. Un tribunal international a accepté d'examiner les accusations contre quinze dirigeants de l'industrie pharmaceutique pour "crimes contre l'humanité". Le procès commence en janvier 2025.

3. 847 salles de consommation supervisée ont été autorisées à travers les États-Unis. Les overdoses mortelles ont diminué de 28% dans les villes qui les ont adoptées.

Le changement est lent. Mais il arrive.

Parce que des millions de gens ont dit : assez.

Merci de faire partie de ces millions.

La bataille continue.

Note finale trouvée dans les archives de Damien Moretti :

« Parfois, tard le soir, je repense à Sarah. La première victime que j'ai rencontrée. Morte à vingt-six ans d'une overdose de Fentanyl.

Je ne peux pas la ramener. Je ne peux ramener aucun des 500 000.

Mais je peux peut-être empêcher les 500 000 suivants.

C'est pour ça que j'ai écrit ce livre.

C'est pour ça que je me bats.

C'est pour ça que je vous supplie de vous battre aussi.

Parce que la prochaine Sarah pourrait être votre fille.

Votre fils.

Vous.

Et contrairement à ce que disent les corporations, les vies humaines valent plus que les profits.

Infiniment plus.
Ne l'oubliez jamais. »

RESSOURCES COMPLÉMENTAIRES

Livres recommandés :

- *Dopesick* par Beth Macy
- *Empire of Pain* par Patrick Radden Keefe
- *Dreamland* par Sam Quinones
- *Pain Killer* par Barry Meier

Documentaires :

- *The Crime of the Century* (HBO)
- *Dopesick* (Hulu)
- *All the Beauty and the Bloodshed* (Nan Goldin)

Organisations à soutenir :

- Shatterproof : www.shatterproof.org[1]
- Facing Addiction : www.facingaddiction.org[2]
- Partnership to End Addiction : www.drugfree.org[3]
- SAMHSA : www.samhsa.gov[4]

Sites d'information :

- ProPublica : séries sur la crise opioïde
- Kaiser Health News : investigations continues
- NPR : couverture approfondie

---

1. http://www.shatterproof.org/

2. http://www.facingaddiction.org/

3. http://www.drugfree.org/

4. http://www.samhsa.gov/

La connaissance est le début de l'action.
L'action est le début du changement.
Le changement est possible.
Commençons.

Don't miss out!

Visit the website below and you can sign up to receive emails whenever Patrick Soulard publishes a new book. There's no charge and no obligation.

https://books2read.com/r/B-A-EYUNE-STSWI

BOOKS 2 READ

Connecting independent readers to independent writers.

About the Author

Né en 1979 en Auvergne Rhône-Alpes, **Patrick Soulard** s'impose comme une nouvelle voix du thriller français. Après s'être passionné des années durant pour l'actualité et les grandes affaires judiciaires, il se lance dans l'écriture à **44 ans**.

Mêlant **réalité et fiction**, il signe des romans noirs et d'investigation où s'entrelacent faits réels, tensions sociales et suspense haletant. À **46 ans**, il fait de sa passion dévorante de l'écriture un art qu'il partage désormais avec ses lecteurs.

www.ingramcontent.com/pod-product-compliance
Lightning Source LLC
LaVergne TN
LVHW040423051026
849517LV00002B/435

* 9 7 9 8 2 3 3 3 9 4 3 2 4 *